UNREAD KIDS
人文通识系列
未小读

# 武器与战争

## 古代军事历史百科图鉴

[俄罗斯] 安德烈·杜布罗夫斯基 著

[俄罗斯] 阿列克谢·卡普宁斯基 绘

王梓 译

贵州出版集团
贵州人民出版社

История оружия. Древний мир
Written Andrei Dubrovsky, illustrated by Alexey Kapninsky
Пешком в историю ® (A Walk Through History Publishing House ®)
© ИП Каширская Е.В., 2022 (© Sole Trader Ekaterina Kashirskaya, 2022)
The simplified Chinese translation rights arranged through Rightol Media （本书
中文简体版权经由锐拓传媒旗下小锐取得Email:copyright@rightol.com）
Simplified Chinese edition copyright © 2024 United Sky (Beijing) New Media
Co., Ltd.
All rights reserved.

贵州省版权局著作权合同登记号　图字：22-2023-086
审图号 GS（2024）0786号

**图书在版编目（CIP）数据**

武器与战争：古代军事历史百科图鉴 /（俄罗斯）
安德烈·杜布罗夫斯基著；（俄罗斯）阿列克谢·卡普宁
斯基绘；王梓译 . -- 贵阳：贵州人民出版社，2024.4
　　ISBN 978-7-221-18180-0

　　I. ①武… II. ①安… ②阿… ③王… III. ①军事史
－世界－青少年读物 IV. ①E19-49

中国国家版本馆CIP数据核字(2023)第256919号

## 武器与战争：古代军事历史百科图鉴
WUQI YU ZHANZHENG: GUDAI JUNSHI LISHI BAIKE TUJIAN

[俄罗斯] 安德烈·杜布罗夫斯基/著
[俄罗斯] 阿列克谢·卡普宁斯基/绘
王梓/译

| | |
|---|---|
| 出 版 人 | 朱文迅 |
| 选题策划 | 联合天际 |
| 策划编辑 | 韩 优 宫 璇 |
| 责任编辑 | 潘江云 |
| 内文审校 | 刘 程 |
| 装帧设计 | 史木春 |
| 美术编辑 | 梁全新 |
| 责任印制 | 赵路江 |

未小读
UnRead Kids
和世界一起长大

| | |
|---|---|
| 出　　版 | 贵州出版集团　贵州人民出版社 |
| 地　　址 | 贵阳市观山湖区中天会展城会展东路 SOHO 公寓 A 座 |
| 发　　行 | 未读（天津）文化传媒有限公司 |
| 印　　刷 | 北京雅图新世纪印刷科技有限公司 |
| 版　　次 | 2024 年 4 月第 1 版 |
| 印　　次 | 2024 年 4 月第 1 次印刷 |
| 开　　本 | 889 毫米 ×1194 毫米　1/16 |
| 印　　张 | 8.25 |
| 字　　数 | 103 千 |
| 书　　号 | ISBN 978-7-221-18180-0 |
| 定　　价 | 108.00 元 |

客服咨询

# 目录

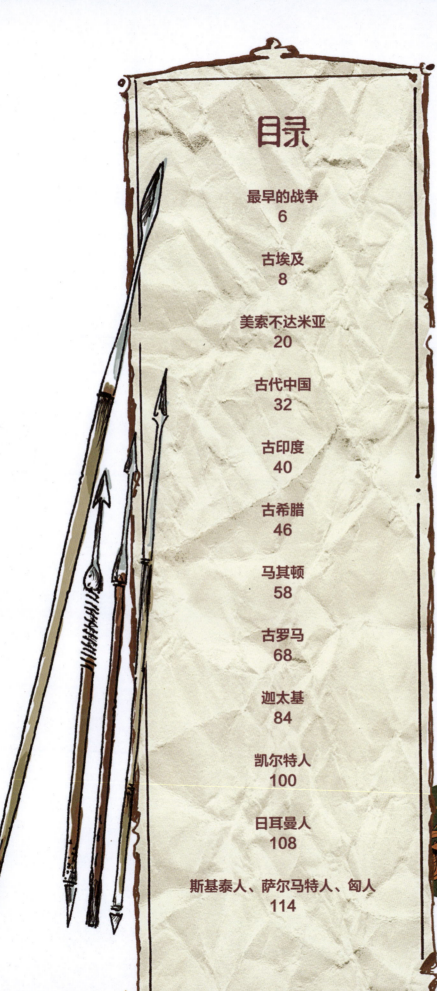

战争是人类永远的"旅伴"。历史看上去往往就是一连串的战争。人类究竟为什么要打仗呢？或许人类生来就有侵略和竞争的天性。

我们在日常生活中也能看到激情四射的竞争场景，例如足球赛场上或商业竞争对手之间的较量。而战争正是竞争的最高体现。

战争带来了大量的死亡，是巨大的灾难和不幸的源泉，以前如此，以后也永远如此。许多人靠着才智和辛勤劳动在千百年间创造的财富，也会被战争毁于一旦。

学者和艺术家远比统帅更值得赞扬，创造比毁灭要可敬一百倍。

尽管如此，人们自古以来就一直向往着战争美学：军服、武器、对战争和战役的描述。古代的英雄正是在战争舞台上展现自己的勇气、力量和使用武器的技巧。许多史诗讲的都是战役和战斗的故事，就连人们描绘的神也不断相互争斗。

在古代，战争是文化交流的一种形式。例如，马其顿王亚历山大的东征形成了一种独特的希腊化文明——古希腊文化与东方文化的融合。

战争也大大推动了技术的进步。人类发现新的金属，发明骑行的马具，发明新的可燃混合物，研究出喷气推进技术——这一切都首先用于发展武器。今天，军事研发也往往是创新最多的领域。

与武器同时完善的还有战术和战略。很明显，要实现目标并不是非得迎头猛冲——迂回战术，即寻找敌方弱点，成效可能会大得多。而素质往往要比人数重要：在天才统帅的指挥下，人数较少但训练有素、装备精良的军队战胜了数量远超己方的乌合之众，这种情况在军事史上也不是个例。

战争必须被研究，就像医生研究传染病，地理学家研究自然灾害，经济学家研究经济危机。研究是为了纠正错误。把战俘变成奴隶，洗劫和杀害平民，将占领的城市付之一炬……这类情况现在已经很少发生了，而这在古代是相当寻常的事情。遗憾的是，惨剧仍然时有发生，但已不被国际社会所接受。

我希望未来有一天，战争只能在电影、书本和电脑游戏里见到。要是人类解决不了战争，那战争就会解决人类。

安德烈·杜布罗夫斯基

# 最早的战争

两三百万年前至公元前4000年，
石器时代

人类一出现，战争也随之产生。可当时还没有文字，学者们又是怎么知道这一点的呢？其实是考古发现向我们讲述了人类历史的最早阶段。古人的遗骸上能看到武器留下的伤痕，洞窟里不仅有狩猎的图画，还有战斗的图画。最早的武器种类也是从石器时代流传至今的。

## 原始人战士有哪些装备？

人类最早发明的武器是棍棒，后来把棍子做长、削尖，就有了矛。再后来，为了使矛尖更耐用，人们开始把矛放在火上烧制。最后，人们给木棍绑上了石制或骨制的尖头。矛不仅可以用于近战，还能当标枪投掷。给木棍绑上沉重的石块，就成了战锤；将这块石头打磨锋利，就成了战斧。石头是不能制作刀剑的，因为一砍就会碎裂，但可以用它来制作又短又宽的匕首或小刀。

弓箭的发明是军事史上的一个突破。这样一来，就可以拉开一个安全的距离，从远处攻击敌人了。箭头不仅有石制的，还有骨制的。原始人的护具有用枝条编成或蒙上皮的盾牌。

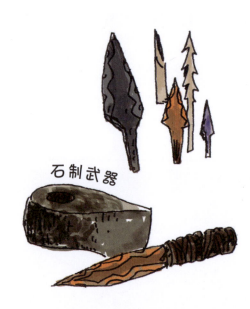

石制武器

# 战术

现代世界中仍有一些部落保留了石器时代的生活方式，通过观察他们，学者们重构了远古战斗的场景。除非己方的人数远远超过敌方，或者可发动突袭（不管是地形有利于伏击还是在夜色的掩护下），否则原始人很少会为了歼灭敌人而进行殊死搏斗。如果双方势均力敌，那战士们就只会发出威胁性的叫喊声虚张声势，偶尔发动攻击，但伤亡不会太大。

尽管武器十分原始，战斗也只有肉搏，但原始人战士非常残暴，能造成比现代人更大的伤害，哪怕是最血腥的现代战争也相形见绌。在一些部落中，战争可能导致30％以上的人口阵亡！而且伤亡的不只参战的男子，还包括老幼妇孺，胜利的一方有时会无情地杀害他们。不妨比较一下：就连第一次世界大战这样残酷的战争，交战国损失的人口也不超过5％。

# 古埃及

古埃及有着长达3 000多年的历史。这个国家诞生于北非，建立在壮阔的尼罗河两岸狭窄的黑土地带。要在这里种植庄稼，就必须修建和维护灌溉水渠系统，居住在这里的人们必须为此齐心协力。"诺姆"最先出现，这是些类似于州的行政区划，后来它们合并成两个王国——上埃及和下埃及。上、下埃及又在君主法老的统治下形成了一个国家，古埃及人将这个国家称为"凯麦特"，意为"黑土地"。这里种植了大量的庄稼，养活了地中海沿岸相当大一部分地区的人口；这里修建了宏伟的建筑，有著名的金字塔和神庙；这里出现了独特的文字——圣书文字。[1]

---

1　本书插图系原文插附地图。——编者注

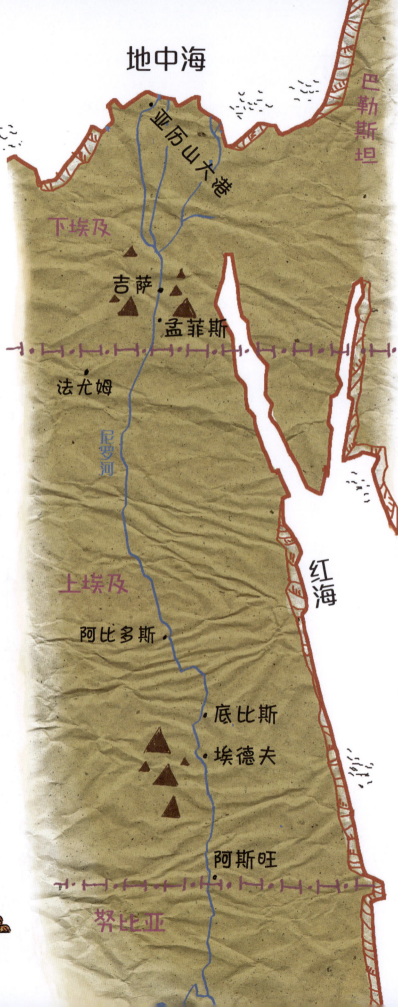

地中海

巴勒斯坦

亚历山大港

下埃及

吉萨

孟菲斯

法尤姆

尼罗河

红海

上埃及

阿比多斯

底比斯

埃德夫

阿斯旺

努比亚

但古埃及时不时面临严重的威胁，处于灾难的边缘，甚至还曾被异族统治：喜克索斯人从东方袭来，占领过古埃及的部分地区；神秘的"海上民族"从北方袭来，法老们几乎不敌这些征服者，他们已经摧毁了其他许多强大的国家。

尚武的亚述帝国曾一度征服古埃及，努比亚人、利比亚人和波斯人也曾统治古埃及。约公元前332年，马其顿王亚历山大征服古埃及，此后古希腊人的托勒密王朝统治古埃及达数百年。约公元前30年，古埃及彻底丧失了独立性，沦为古罗马的一个行省。

## 战事简史

**约公元前1985年—公元前1795年**
第十二王朝，是古埃及的黄金时代：古埃及在周边的国家和民族当中最为强盛。

**约公元前1650年—公元前1550年**
第十五王朝，也是古埃及第一个异族法老王朝。古埃及北部被喜克索斯人占领。

**约公元前1550年—公元前1069年**
第十八王朝至第二十王朝，是古埃及国力的巅峰期：征服了邻近民族，经济繁荣，艺术和科学（几何、天文、算数）空前发展，军队中出现了战车。

**公元前1479年—公元前1425年**
最伟大的征服者图特摩斯三世统治时期，占领了利比亚、努比亚、巴勒斯坦和叙利亚。

**约公元前1457年**
美吉多战役，古埃及军队击溃叛乱的卡迭石（叙利亚）国王。

头部被画成荷鲁斯神的古罗马统帅形象

神秘的"海上民族"

哈！嘿！

# 军事

起初，古埃及人只有由弓箭手、投石兵、长矛兵和剑兵组成的步兵。套马的战车投入使用要晚得多，可能是在喜克索斯人入侵之后才出现的。总的来说，古埃及人很乐意借鉴敌人的武器和战术。

**投石索是一种用来投掷石头、特殊弹药和飞镖的手持装备，详见本书第91页。**

到了约公元前2000年（进入"中王国时期"），古埃及已经建造了许多要塞来守卫边境。长年勤勉服役的战士可以获得小块土地作为奖赏。立功的统帅可晋升，获得土地、牲畜，还可获得战俘作为奴隶。

**古埃及人发明了目前已知最早的军功章，用黄金制成，形状是苍蝇或狮子。有军功的将领和普通战士都有可能得到这种奖励。**

古埃及军队驻扎在国境附近的军屯里，在那里戒备敌人的进攻。在大部分时间里，古埃及的敌人都是同样的几批人：南方的努比亚人、西方的利比亚人和东方的叙利亚人。

计算题

**约公元前1274年**

卡迭石战役。拉美西斯二世率领古埃及军队与赫梯人交战，在此次战役中，双方均未取得决定性胜利。这是古代世界规模最大的战役之一。

**约公元前1200年—公元前1100年**

古埃及艰难地击退了"海上民族"的猛烈入侵。

**公元前671年—公元前663年**

亚述征服古埃及，古埃及沦为亚述帝国的附庸。

**公元前664年—公元前610年**

法老普萨美提克一世统治时期，驱逐了努比亚人和亚述人（约公元前656年），最后一次重现了古埃及的强盛。

**约公元前610年—公元前593年**

法老尼科二世统治时期，派遣腓尼基船队完成环绕非洲的航行。

**公元前525年**

波斯人征服古埃及。

**约公元前332年**

马其顿王亚历山大的军队进入古埃及。

**公元前305年**

托勒密王朝的统治开始。

**公元前31年**

阿克提姆海战，古埃及军队遭重创。

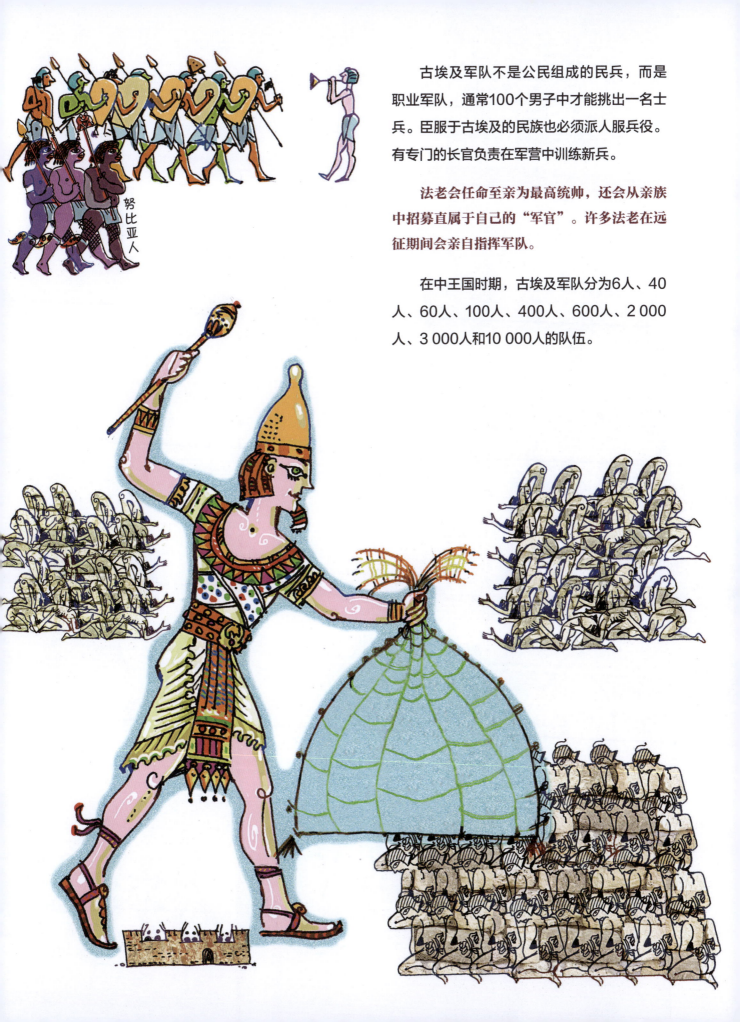

古埃及军队不是公民组成的民兵，而是职业军队，通常100个男子中才能挑出一名士兵。臣服于古埃及的民族也必须派人服兵役。有专门的长官负责在军营中训练新兵。

**法老会任命至亲为最高统帅，还会从亲族中招募直属于自己的"军官"。许多法老在远征期间会亲自指挥军队。**

在中王国时期，古埃及军队分为6人、40人、60人、100人、400人、600人、2 000人、3 000人和10 000人的队伍。

努比亚人

# 古埃及战士有哪些装备？

古埃及战士的武器有铜战斧、顶端是石头的圆锤、匕首、长矛和弓箭，护具是蒙皮的木盾。

后来青铜器开始普及，战士的主要武器变成了克赫帕什镰形刀，其次是弓箭。最早的箭头是燧石或铜的。喜克索斯人入侵后出现了复合弓（用不同材料组合成的弓）和安装在"L"形手柄上的青铜空心战斧（又称"锛"）。

护具也得到了优化，增加了头盔和用青铜强化的皮甲，就像亚述人那样。

古埃及弓

战斧

圆锤

克赫帕什镰形刀

匕首

铠甲

盾牌

古埃及头盔

战斧

军靴

古埃及军队的主要突击队是由战车兵组成的，这是从喜克索斯人那里学来的。战车是轻型马车，有两个带辐条的木轮，车上搭乘一名驭手和一名弓箭手。驭手不仅负责操控马匹，还要用盾牌掩护弓箭手。搭乘战车和在车上战斗时都只能站着。

# 战术

古埃及步兵在战场上会排成横队。战车出现后，战斗便以战车兵的突击开始，随后步兵在弓箭手的支援下发动进攻。后面的预备队同样是战车兵。古埃及军事策略的核心是弓箭手密集射击，随后再展开白刃战，或者是单纯的屠杀。

**古埃及人攻城靠的是带轮子的云梯，并用沉重的攻城锤攻破城墙。**

队徽

古埃及步兵

## 古埃及军阵

掩护的战车兵

步兵

弓箭手

战车兵

进攻线

目前有记述的最古老的战役之一——美吉多战役，爆发于约公元前1457年，法老图特摩斯三世率领古埃及军队参战。古埃及遭到了北叙利亚和巴勒斯坦统治者联盟的反对，这些反对者又以卡迭石国王和军事重地美吉多的国王为首。

双方在美吉多城墙下短暂交锋后，守城方便落荒而逃。城里的人不敢开门，只能用绳索将己方战士拉回城墙上。古埃及人忙着抢夺战利品，连法老本人都管不住自己贪婪的士兵。古埃及军队在美吉多周围挖战壕并立起木篱笆，围困了此地约有7个月。美吉多被耗到粮尽援绝后投降，国王们落荒而逃，他们的盟友被迫向古埃及纳贡。

古埃及将领

赫梯弓

古埃及弓箭手

努比亚弓

上啊，勇士们！

攻占美吉多后，古埃及人获得了2 041匹马、191匹马驹、6匹良种马、2辆装饰着黄金的战车、922辆普通战车、1副青铜盔甲、200副皮甲、502把战弓、7个属于卡迭石国王的装饰着白银的帐篷柱、1 929头牛、2 000只山羊、20 500只绵羊和207 300袋面粉。

尽管古埃及人并不像古罗马人那样不断发动征服战争，也不像古希腊人那样建立了许许多多的殖民地，但古埃及文化对周边民族和欧洲文明的影响极其深远。古埃及土地的馈赠、工匠的技艺、祭司和学者的智慧、王陵的财宝，这些在古人眼中都是无法逾越的成就。在数千年间，古埃及一直保存着自己独特的遗产，直到中世纪基督教和伊斯兰教先后传入。这两种宗教的影响力改变了古埃及的文化景观，使得古埃及的一些文化传统一度断绝。到了18世纪末，在考古学家的努力下，古埃及终于得以重见天日。

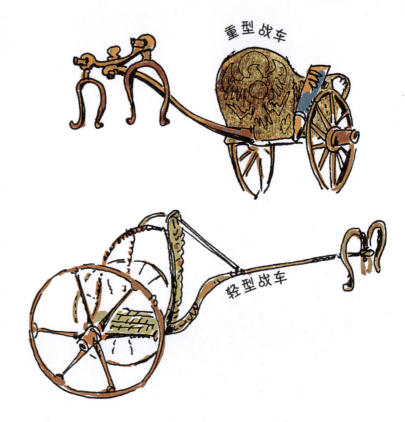

重型战车

轻型战车

法老的战车

# 古埃及舰队

古埃及人最古老的小船是用芦苇制作的，后来出现了大型木船，建造时使用了传说中的黎巴嫩雪松。船头上安装着青铜撞角，船员中有弓箭手，能从桅杆和船头、船尾的平台上射击敌人。

古埃及舰队并不是独立的战力，它主要发挥辅助作用——侦察、运送军队、在出国远征时确保补给。但有时它也会参加海战并夺取胜利，例如舰队曾在陆军的配合下，在几场战役中击退了"海上民族"的凶险入侵。

古埃及船

古埃及划桨帆船
撞角

大桨战舰

拉神的圣船

# 伟大的古埃及统帅

古埃及人认为法老是神之子或神本人，整个国家的繁荣都取决于他的力量和勇气，战争也只有依靠他的智慧和英勇才能取胜。因此，就连那些从未上过战场的法老也会被描绘成践踏俘虏的胜利者的形象。

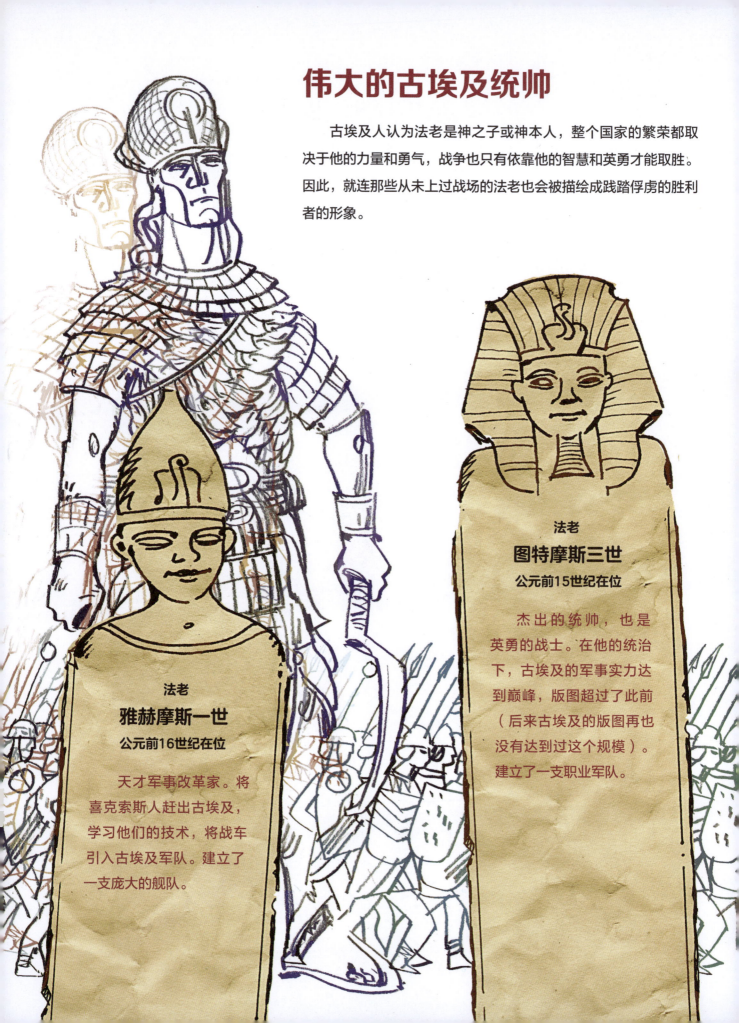

法老
## 图特摩斯三世
公元前15世纪在位

杰出的统帅，也是英勇的战士。在他的统治下，古埃及的军事实力达到巅峰，版图超过了此前（后来古埃及的版图再也没有达到过这个规模）。建立了一支职业军队。

法老
## 雅赫摩斯一世
公元前16世纪在位

天才军事改革家。将喜克索斯人赶出古埃及，学习他们的技术，将战车引入古埃及军队。建立了一支庞大的舰队。

法老

# 拉美西斯二世

公元前13世纪在位

统治时期四处征战，为今天的我们留下了许多历史上的"第一"：历史上第一份对战役的详细记述（卡迭石战役）、历史上第一份和平条约（与赫梯人缔结）、历史上第一份对海战的记述（与"海上民族"的战争）。

# 美索不达米亚

西亚的两条大河——幼发拉底河和底格里斯河之间的肥沃土地被称为"美索不达米亚"（希腊语，意为"两河之间"）。自公元前4000年以来，这片土地见证了许多民族的兴衰。

聚居在塔庙（巨大的阶梯神庙）周围的苏美尔人建起了许多城市，他们的城邦存在了1 000年之久。乌鲁克城是古代世界名副其实的"国际化大都市"。苏美尔人发明了世界上最古老的文字之一——楔形文字，后来楔形文字又被周边的民族借去。他们的数学和天文知识丰富了旧大陆的所有文明。

后来，阿卡德人占领了苏美尔人的城邦，新的征服者不断从东西两方袭来。美索不达米亚逐渐形成了两个中心——南方的巴比伦和北方的亚述。我们能了解到他们的生活，都是借助于亚述巴尼拔图书馆中大量的泥版文献。公元前18世纪的巴比伦出现了世界上第一部成文法典，记有汉谟拉比国王的所有臣民都必须遵守的法律。

## 战事简史

**公元前27世纪—公元前26世纪**
传说中的英雄吉尔伽美什统治苏美尔城邦乌鲁克。

**公元前24世纪—公元前23世纪**
阿卡德帝国开创者萨尔贡一世统一美索不达米亚，将领土扩张到地中海。

**公元前18世纪**
古巴比伦国王汉谟拉比统治时期。

**公元前668年—公元前627年**
亚述国王亚述巴尼拔的统治范围西至古埃及和叙利亚，东至波斯。

**公元前612年**
尼尼微陷落，亚述帝国灭亡。

**公元前539年**
波斯国王居鲁士占领巴比伦。

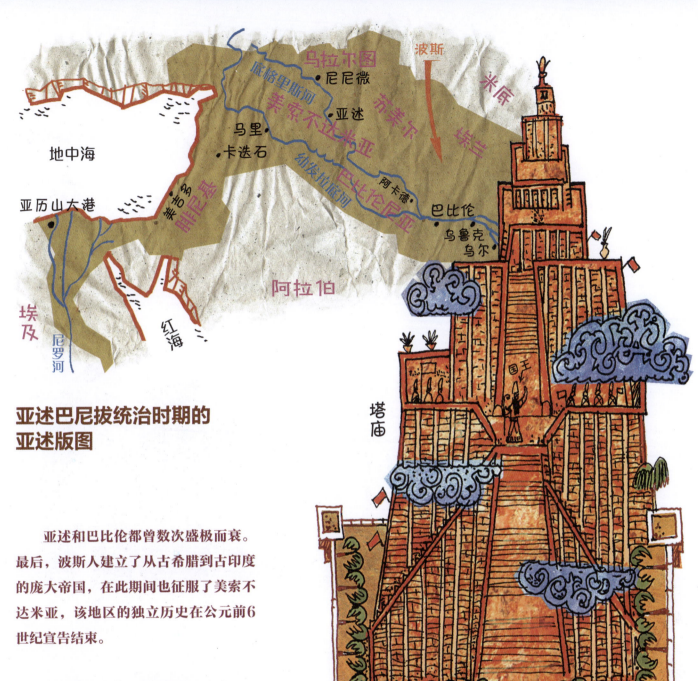

底格里斯河
乌拉尔图
尼尼微
波斯
米底
亚述
美索不达米亚
苏美尔
埃兰
马里
卡迭石
阿卡德
腓尼基
幼发拉底河
巴比伦尼亚
巴比伦
地中海
乌鲁克
乌尔
亚历山大港
阿拉伯
埃及
红海
尼罗河

塔庙
国王
卫兵
卫兵
美索不达米亚人民

## 亚述巴尼拔统治时期的亚述版图

　　亚述和巴比伦都曾数次盛极而衰。最后，波斯人建立了从古希腊到古印度的庞大帝国，在此期间也征服了美索不达米亚，该地区的独立历史在公元前6世纪宣告结束。

　　但波斯人不久后也遭遇了对手——公元前4世纪，马其顿王亚历山大灭波斯帝国，美索不达米亚成了希腊化世界的一部分，随后一直由塞琉古王朝统治，直到公元前2世纪被帕提亚人占领。

21

# 军事

苏美尔人是世界上最早开始使用青铜武器的民族，他们还发明了战车——由野驴牵拉的重型木轮车。

美索不达米亚北部的阿卡德帝国出现了弓兵队。阿卡德国王萨尔贡一世能在公元前24世纪占领苏美尔诸城并将整个两河流域纳入版图，或许就得益于弓箭手。

攻城

战车

弓箭手和持盾手双人配合作战

国王的亲卫队

国王的仆人

苏美尔士兵

美索不达米亚最尚武的国家是亚述帝国，后面我们还会谈到。亚述的富饶不是靠商业、手工业和农业，而是靠无休止的军事行动劫掠其他民族的财富。

亚述人靠着恐怖手段控制被征服的民族，不顺从者会遭到无情践踏，城市被夷为平地，整个民族被迫从故乡迁到帝国腹地。在古代，战争的残酷和暴力是常态，但亚述人的残忍程度甚至超越了当时的一般标准。

几个世纪以来，军队都由买得起武器的富人组成，发生战争时他们便被召集起来。

国王的战车

到了公元前8世纪，常备军出现了，分为在特定时间内召集起来的"国王军队"，以及一支供国王差遣的"国王卫队"。战士由国家出钱武装，被征服的民族也要提供一些辅助部队。

**亚述人是历史上最早设立工程兵的民族，他们负责修桥铺路、修建要塞。亚述人还首次建立了组织完善的情报系统，他们负责传递有关敌国状况、交通路线和敌军要塞的消息。**

亚述军队的基本作战单位是"大队"（人数从500到2 000不等），大队又分为50人的小队，小队又分成10人的队伍。几个大队共同组成一支"军队"。

亚述贵族武士

军队的主要突击队是步兵，一名重装步兵配有两名弓箭手。亚述人不仅用马拉战车，还骑在马背上战斗，一辆战车平均要配10名骑兵。当时在马上作战还非常困难——没有马镫，而亚述人发明的马鞍也只不过是一块布，不太能帮助骑手在马背上稳住自己。

每支队伍都有普通旗帜和军旗，上面画着战争之神阿舒尔的形象。

亚述人完善了苏美尔人的战车，加大了轮子，增加了车身的高度。轻型战车有带辐条的轮子，用于搭乘国王和最尊贵的武士。重型战车套着4匹马，有时甚至多达8匹，每辆车配备一名弓箭手、一名驭手和两名盾卫。亚述人还使用一种类似堡垒的庞大车辆，有实心木轮，由牛牵拉。

披戴鳞甲的亚述武士

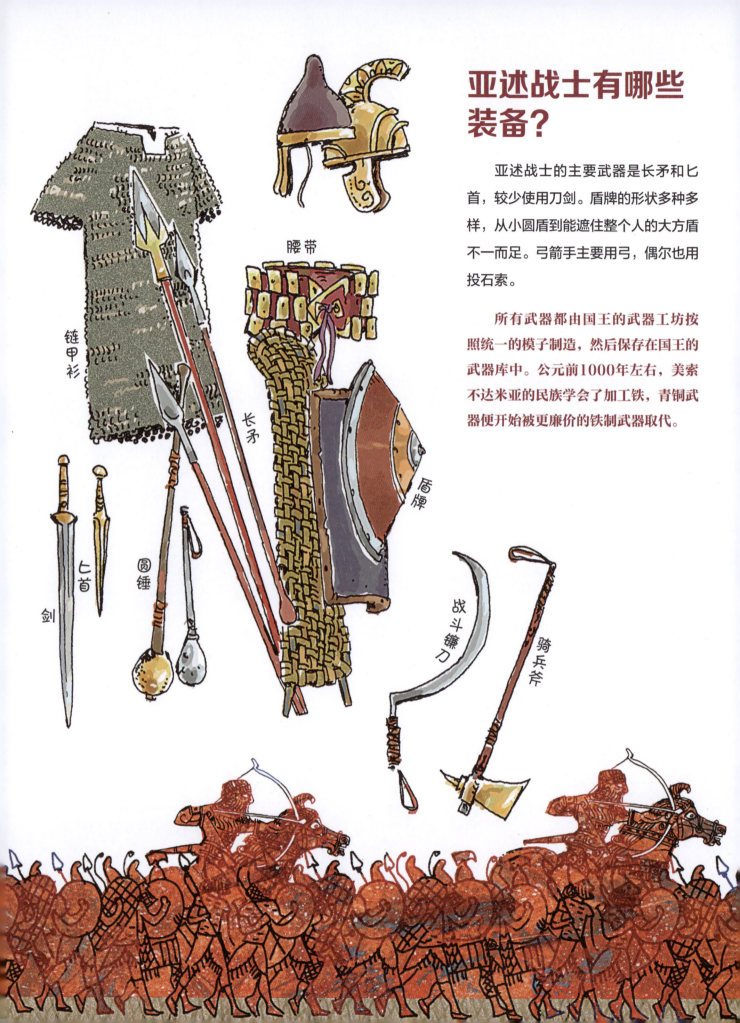

# 亚述战士有哪些装备？

亚述战士的主要武器是长矛和匕首，较少使用刀剑。盾牌的形状多种多样，从小圆盾到能遮住整个人的大方盾不一而足。弓箭手主要用弓，偶尔也用投石索。

所有武器都由国王的武器工坊按照统一的模子制造，然后保存在国王的武器库中。公元前1000年左右，美索不达米亚的民族学会了加工铁，青铜武器便开始被更廉价的铁制武器取代。

链甲衫

腰带

长矛

盾牌

匕首

剑

圆锤

战斗镰刀

骑兵斧

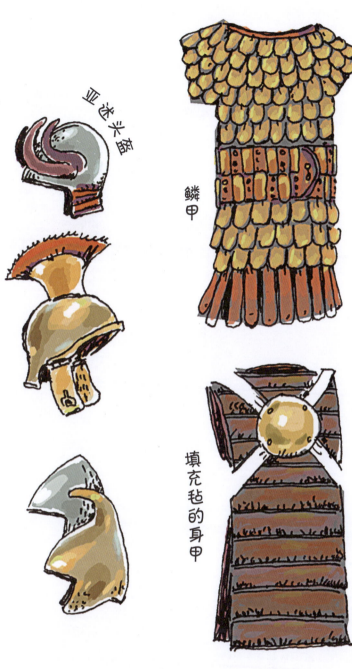

亚述头盔

鳞甲

填充毡的身甲

亚述战士的盔甲样式取决于他的财力。

最廉价的身甲是步兵甲，用毡或粘在一起的厚毛制成。指挥官和国王身披齐膝的鳞甲，腰间围着一条华丽的宽腰带。

亚述战士很少戴头盔，只有高级武士才戴——起初是缝着金属片的帽子，后来是纯金属的圆锥形头盔。拉战车的马身披缝着皮革片的毡衣作为防护。

骑兵进攻

# 战术

起初，战场上的突击队由战车兵担任，后来逐渐被骑兵取代。步兵以密集队形进攻，弓箭手在盾卫的掩护下射击敌军。亚述人经常发动夜袭，将敌人打个措手不及。他们渡河时使用充气皮囊（用动物毛皮制成）。

亚述军队的攻城技术非常先进。他们用冲车击破城墙和城门，冲车前方还配有箭塔，弓箭手在此防守。他们会挖地道，建造移动式攻城塔，让步兵通过塔上的吊桥攻上城墙。他们还会用火把和燃烧箭远程攻击守城人员。

在敌国境内或在围攻的城墙下休息时，亚述军队会安营扎寨，在四周立起带门的围墙，围墙内部有纵横交错的"街道"。

亚述冲车是一种庞大的六轮车，由藏在车后的战士推动前进。冲车上的箭塔中藏着弓箭手，前方安装着攻城武器——末端包着金属的厚重圆木——用来击毁城墙和城门。为了抵挡燃烧箭，冲车上盖着打湿的毛皮。

美索不达米亚是各民族的"大熔炉"，不时有国家兴起和衰亡。其中大部分国家都在不断相互征战，或对更远的邻国——古埃及、乌拉尔图、埃兰、米底等发动战争。

无休止的冲突锻造出了古代东方最强大的军队——亚述军队。他们装备精良、纪律严明、手段异常残暴，令各民族闻风丧胆。但持续不断的征服战争耗尽了亚述的力量，被征服的国家多次发动反对亚述统治的战争，亚述帝国自身也不时发生内讧。亚述就这样衰亡了。

亚述冲车

用力推！

# 伟大的美索不达米亚统帅

美索不达米亚城邦的统治者不断相互交战，他们需要更多有能者指挥军队。统帅中的幸运儿接连占领越来越多的土地，最后甚至将势力扩大到美索不达米亚的边界之外。亚述的将领尤其受人尊崇，因为这个国家靠战争存续。

## 萨尔贡一世

公元前24世纪—
公元前23世纪在位

阿卡德帝国的开国君主。建立了一支强大的军队，打了许多胜仗。统治范围西至地中海，东至波斯湾，可能还抵达了印度河。

## 汉谟拉比

公元前18世纪在位

古巴比伦国王，伟大的统帅和立法者。建立了一支强大的常备军，通过多次战争提高了巴比伦的地位，令其在千百年间成为美索不达米亚文明的中心。

## 提格拉·帕拉萨三世

公元前745年—
公元前727年在位

亚述国王，将领土从地中海扩张到波斯湾。用常备职业军队取代了民兵，在战车兵之外又引入了骑兵。开始使用攻城兵器，招募间谍。通过恐怖手段和强制迁徙控制被征服的民族。

## 尼布甲尼撒二世

公元前605年—
公元前562年在位

新巴比伦国王。与盟友合力消灭亚述，毁灭耶路撒冷，将犹太人从故国掳往巴比伦。

# 古代中国

东亚文明诞生于公元前8000年的黄河流域和长江流域。公元前3000年—公元前2000年，这里出现了最早的国家，自那之后又见证了许多王国的兴衰，但古代中国形成的传统和文化一直保留至今。这里出现了世界上最古老的文字之一，诞生了孔子和老子的哲学学说，涌现了丝绸、陶瓷、茶叶、生铁、造纸术、印刷术、罗盘等许多发明成果。

中国古代的第一位皇帝是秦始皇，他在公元前3世纪统一中国，开疆拓土，并修建长城以抵御游牧民族的进攻。

**西汉疆域图（局部）**

秦朝的战术和武器我们大多是通过秦始皇陵的兵马俑（8 000多个真人大小的步兵、骑兵和战车陶俑）得知的。

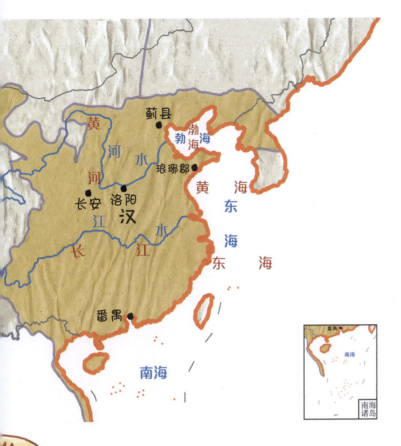

中国第二个大一统朝代是汉，总共存续了400多年，是中国历史上最长寿的王朝之一。汉朝是中华文明的繁盛期，国内社会安定、经济繁荣、制度昌明，成为历代统治者效仿的榜样。丝绸之路将汉朝与欧、亚两洲的其他国家联系在一起，远至罗马帝国。

汉朝灭亡后又爆发了多次战争，发生了多次王朝更迭，但中华文明被保留了下来，并一直延续至今。

鳞甲

## 中国古代简史（截至秦汉）

**公元前2070年—公元前1600年**
夏朝，中国史书中记载的第一个世袭制朝代。

**公元前1600年—公元前1046年**
黄河流域的商朝（殷商），中国历史上第一个留下文字记载的朝代。

**公元前1046年—公元前256年**
周朝

**公元前770年—公元前476年**
春秋时期，100多个诸侯国彼此征战不休。

**公元前6世纪—公元前5世纪**
中国从青铜时代进入铁器时代。

**公元前475年—公元前221年**
战国时期，七雄争霸。

**公元前221年**
秦始皇统一六国，建立了中国历史上的第一个封建王朝，但秦朝二世而亡。

**公元前202年—公元220年**
汉朝

万里长城是中国最著名的建筑之一。从公元前7世纪至公元17世纪，长城历经数次修建。奇怪的是，它在这2 000多年间几乎没起到多少防御作用。只要敌人突破了长城的一小段（甚至只需买通数千个瞭望塔中的一个长官！），这长达数万千米的城墙瞬间就失去了作用，更不必说危难时期的朝廷没有足够多的士兵去守城——没有了士兵，再坚固的城墙都不管用了。与其说长城是现实的防御手段，倒不如说是国力象征。

大弩

# 军事

中国最古老的军队主要由步兵（农民兵）组成，贵族乘坐战车战斗，战俘可能会被用作人祭。

周朝内乱不断，职业兵（亲兵）应运而生，青铜武器被更廉价的铁制武器取代（尽管刀剑在接下来的数百年间还是更偏向于用青铜制作）。当时的人们还发明了弩。到了公元前4世纪，中国人已经从毗邻的游牧民族那里学会了骑马，战车兵逐渐被骑兵队取代，骑兵在秦、汉两朝扮演着极其重要的角色。

中国人发明了投石机，这种投石机不仅能发射石块，还能发射装着燃烧混合物的容器。为了对抗投石机，坚固的土堡应运而生。不管是什么样的投石机，都打不穿十几米厚的土墙！

青铜马镫

目前所知最古老的马镫（4世纪）正是在中国出土的。马镫能给骑手的脚提供稳固的支撑点，让他们能快速奔袭，给予敌人强力打击，而不用怕被从马鞍上甩出去。

大型中国投石机

# 战术

　　起初，军队的主要突击力量是战车兵。一辆战车套着2匹或4匹马，乘员由一名驭手、一名弓箭手和一名长矛手组成。在汉朝之前，战斗中的主要角色已经转由重装骑兵担任，用于冲破敌人的阵线。轻骑兵负责打击敌军的侧翼和追击敌军。骑兵在对抗游牧民族的战争中作用特别大。

　　尽管古代军队的主力是步兵，但这个兵种一直扮演着辅助角色。轻装步兵从远处射击敌人，尤其以用弩出名（甚至还有发射整支标枪的巨弩）。重装步兵切入敌军前排展开白刃战。

　　**中国在与游牧民族的战争中发明了一种防御战术：队伍遭到敌军突袭时，便将马车连起来围成一个临时要塞，防止敌方骑兵砍杀己方士兵，还能抵御箭矢。弩手在马车上用弩箭集中火力射击敌人。**

连弩

御驾

秦代鱼鳞重甲

戈

皮甲

中国剑

匕首

# 中国战士有哪些装备？

中国战士身披金属板甲或鳞甲。最早的盔甲是皮制的，后来开始用青铜制作甲片和头盔。

每名战士有一面方盾，起初是枝条编制的或皮革的，后来是蒙皮的木盾。

主要的武器是弓箭（后来出现了改良版的弓——弩）和匕首，后来是剑、戈（带尖嘴的长柄武器）、战斧、长矛和戟（一种将矛和戈融合起来的武器）。

# 伟大的中国统帅

每位中国将领都会阅读著名的兵书《孙子兵法》，此书相传是公元前6世纪由兵法家孙武所作。孙武认为，战争并非实现目的的最佳手段，并教导如何"不战而屈人之兵"，但万一战争爆发了，那就要学会如何歼灭敌军及避免决战。孙武建议，要趁敌人的眼睛被阳光闪到或被吹起的尘土迷住时发动进攻，还教导要灵活机动，让敌人疲敝，等敌军陷入混乱后再发动进攻。或者挑衅敌方将领，等其头脑发热贸然犯险时，我方再开始战斗。

### 吴起

约公元前440年—
公元前381年

军事家、政治家。先后为三个国家效力，据说未尝一败。注重纪律高于勇气。著有兵书《吴子兵法》。作为杰出的战略家，与孙武合称"孙吴"。

## 刘邦

公元前247年或
公元前256年—
公元前195年

　　军事家，汉朝的开国皇帝，参加了反抗秦朝的起义。称帝后恢复天下秩序，与民休息，轻徭薄赋，宽缓刑狱，还解放了许多奴隶。

## 韩信

? —
公元前196年

　　反抗秦朝统治的起义领袖之一，少时贫寒，以乞讨为生。拥有卓绝的军事才能，刘邦在他的辅佐下击败各路强敌，建立了新王朝。此后不久，韩信便被诛杀，正可谓"鸟尽弓藏，兔死狗烹"。

# 古印度

印度直到20世纪才成为一个统一的国家。在此之前的数千年间，印度半岛上有诸多大大小小的国家。印度半岛北面是世界最高的喜马拉雅山脉，西面、南面和东面是印度洋，因此大部分征服者都是从易于入侵的西北方渡过印度河进入印度半岛的。

今天我们所知的古印度文明是在雅利安部落来到印度半岛后（约公元前1500年）形成的。正是他们将新的宗教（婆罗门教）、新的社会制度（种姓制度）和新的语言（梵语）带入了印度半岛。

从此以后，整个印度社会被划分成若干阶层，称为"种姓"（瓦尔纳），从高级到低级排列如下：婆罗门（祭司），刹帝利（战士、统治者），吠舍（商人、手工业者和农民），首陀罗（贫民）。此外还有印度等级制度中最低等的达利特（不可接触者），他们连种姓体系都进不去。达利特是被雅利安人征服奴役的印度土著的后代。

## 古印度文明简史

### 约公元前3300年—公元前1300年

印度河谷哈拉巴文明，繁盛期约为公元前2600年—公元前1900年。

### 公元前1500年

雅利安部落逐渐进入印度半岛，创造了吠陀文明，一直存续至约公元前500年。

### 公元前4世纪—公元前2世纪

孔雀王朝统治几乎整个印度半岛（南部除外），在阿育王在位时期（公元前3世纪）达到鼎盛。

### 公元前180年

亚历山大的马其顿帝国分裂后，其中一个部分在今天的阿富汗境内形成了希腊-巴克特里亚王国。该国开始入侵印度半岛北部，最后于公元前180年建立了印度-希腊王国，一直存续至公元10年。

### 约2世纪

迦腻色伽一世统治时期，贵霜帝国的中心从中亚转移到印度半岛北部。

### 公元380年—公元415年

笈多王朝的旃陀罗笈多二世统治时期，古印度的黄金时代，艺术昌盛、科学发达。

印
度
河

喜
马
拉
雅
山

恒
河

哈拉巴

摩亨佐·达罗

波罗奈华氏城

戈达瓦里
河

克里希纳河

阿 拉 伯 海

孟 加 拉 湾

## 孔雀王朝的版图

古印度最后一个统一的大国是笈多王朝（4世纪—6世纪），其鼎盛时期曾占据印度半岛北部和东部，但后来在嚈哒（音同"厌搭"）人的侵袭下衰落了，此后印度半岛进入了漫长的分裂期。

雅利安人入侵之前，印度半岛的历史曾长期是一片空白，直到19世纪，考古学家才发现了哈拉巴文明的两座古城——摩亨佐·达罗和哈拉巴。

四分五裂的古印度诸国的统一契机是外部入侵——公元前4世纪，马其顿王亚历山大率军侵入印度半岛北部。此后，印度半岛先后出现两个国家：一个是庞大的孔雀王朝，几乎占领了整个半岛；另一个是源于希腊-巴克特里亚王国的印度-希腊王国，前者位于今天的阿富汗境内。

巴克特里亚盔

一种套马索

缨帽

# 军事

　　每个古印度部落的所有男子都是战士，但雅利安人建立种姓制度之后，军事便开始由刹帝利种姓负责——只有他们可以拥有武器。不过，在面临严重威胁时，军队也会招募其他种姓的人。此外，同盟军和雇佣兵也增强了古印度的军队力量。古印度人是最早驯化大象用来作战的民族。

古印度战车

冲啊！

# 战略与战术

有关古印度真实战争和战役的描述并不多，但幸好还有《摩奴法论》，这部作品是对古印度人生活各方各面的规范，其中也包括军事，因此我们可以借此想象古印度人的战斗方式。

战斗开始前应当派间谍去敌军中刺探情报，行军时军队的前后方和侧翼必须有部队掩护。

在平原战斗最好用战车兵和骑兵，在河沼众多的地方使用战象和小船，在森林里用弓箭手，在山上用装备剑盾的步兵。

# 古印度战士
# 有哪些装备?

古印度国家的军队由战象队、战车队、骑兵队和步兵队组成。战象的背上安置象舆，弓箭手搭乘其中。

环刃

在那儿，瞄准!

射中了!

战，这些人类啊……

骑兵有一对投掷矛、一面小盾和一把剑。步兵的装备有长剑和一人高的长弓。战士把长弓支撑在地上，护具是一面比头部高、比身体窄的皮盾。富有的战士的武器护具上镶嵌着黄金和宝石，这是指挥官、王公和统帅的标志。

古代和中世纪的印度人使用过各种各样的武器：

环刃——外缘磨尖的圆形投掷武器；

云头刀——宽刃重剑；

护手剑——与金属护手结合在一起的剑；

软剑——能缠在身上的柔软的剑，可以伸到好几米长，用作坚硬的鞭子；

拳刃——把手与刀刃方向垂直的匕首；

马度盾——一种圆盾，两侧各安装一个角或一个刀刃，尖端朝向两边。

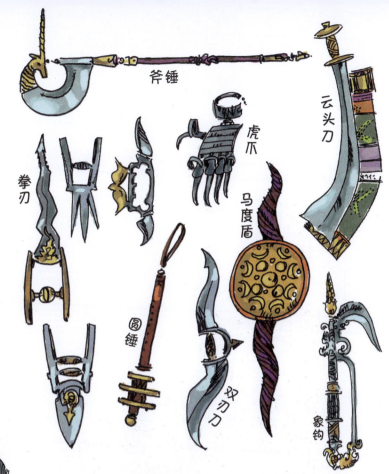

斧锤

虎爪

云头刀

拳刃

马度盾

圆锤

双刃刀

象钩

软剑

王公

古印度人发明了乌兹钢，用这种钢材打造的武器既坚固又有弹性。生产乌兹钢的技术异常复杂，须在柔软而有弹性的铁粒上覆盖一层脆弱但坚硬的钢。从外观上看，这种复杂的构造呈现为钢材表面的波浪形纹路。乌兹钢剑刃非常罕见，也非常昂贵！

# 古希腊

古希腊位于欧洲东南端的巴尔干半岛南部，在古时候并不是一个统一的国家。其境内有数百个城邦（城市国家）。起初城邦由国王统治，但随着时间流逝，民主制——民众的统治——在许多城邦确立了起来。在古希腊大殖民时期，古希腊人在地中海和黑海沿岸地带定居。今天的马赛、那不勒斯、伊斯坦布尔、刻赤和苏呼米都是由古希腊人建立的。马其顿王亚历山大东征后，广袤的亚洲大地上也建起了许多古希腊城市。如此一来，古希腊文明便在西至西班牙、东至印度半岛的广阔地域内传播了开来。古希腊本土虽小，但它在艺术、科学、政治、体育方面的成就至今仍在造福整个世界。民主制、哲学、戏剧、奥运会和许多门学科都源自古希腊。古希腊人还丰富了古代世界的战术。

马其顿

色萨利

维奥蒂亚

温泉关

德尔斐

底比斯

科林斯 尼达 迈加拉

科罗奔尼撒

梯林斯

爱奥尼亚海

爱琴海

赫勒斯滂

特洛伊

小亚细亚

恒加马

以弗所

米利都

雅典

优卑亚岛

基克拉泽斯群岛

克诺索斯

克里特岛

罗得岛

# 军事

我们可以从荷马史诗《伊利亚特》和《奥德赛》中了解古希腊的军事状况。这两部作品描述了以迈锡尼为首的亚该亚（古希腊）城邦联军与小亚细亚强大城邦国家特洛伊之间的战争，称为"特洛伊战争"（约公元前1200年）。

当时的武器用青铜制成。战士的装备有投掷用的长矛，还有肉搏用的剑、短斧和双刃长柄战斧。弓箭被视为懦夫的武器，因为射箭是从远处暗算，而不是面对面交战。护具有头盔、身甲、大盾（有些大盾几乎跟人一样高）和腿甲。

在战场上，贵族搭乘战车位于部队最前列，后面是成排的步兵。著名勇士乃至领袖之间经常单挑，战败死者的盔甲归胜者所有。

特洛伊战争后不久的公元前11世纪，亚该亚人遭到了北方多利安部落的袭击。多利安人有一个军事上的优势，那就是铁制武器。尽管最初的铁不如青铜那么坚硬，但成本比青铜低，而且几乎所有地方都能找到铁矿。铁制武器可以武装整支军队，而不仅限于国王和近卫部队。

## 战事简史

**约公元前1200年**

特洛伊战争爆发。

**公元前11世纪**

多利安部落从北方侵入古希腊。

**公元前8世纪—公元前6世纪**

古希腊大殖民时期。古希腊人散布在地中海和黑海沿岸地带。

**公元前499年—公元前449年**

希波战争。经过一系列冲突，古希腊击败波斯，捍卫了自己的独立，迎来了极盛时期。

**公元前443年—公元前429年**

伯里克利担任雅典执政官，是雅典最强盛的时期。

**公元前431年—公元前404年**

伯罗奔尼撒战争，雅典对阵斯巴达。

**公元前338年**

喀罗尼亚战役，马其顿战胜古希腊城邦联军。

**公元前146年**

古希腊和马其顿被古罗马征服。

洗干净脖子等着吧，亚该亚

## 希波战争简史
### （公元前499年—公元前449年）

**公元前490年**

雅典在马拉松战役中击败入侵的波斯军队。

**公元前480年**

波斯帝国皇帝薛西斯率领大军远征古希腊。部分古希腊城邦（其他城邦要么袖手旁观，要么直接投敌）与庞大的波斯帝国交战。斯巴达国王列奥尼达率领300名勇士在温泉关奋战。雅典在萨拉米斯海战中取得决定性胜利。大希腊的军队在希迈拉（西西里岛）之战中击败波斯的盟友迦太基。

**公元前479年**

古希腊军队在普拉塔亚战役中大败波斯军队，彻底将波斯人赶出古希腊。战争又持续了30年，但从此之后，波斯人再也不敢踏足古希腊的土地了。

鼓起勇气，别给家人丢脸！

一切都为守护家园

公元前8世纪，古典城邦——不受国王支配、权利平等的公民的共同体——开始形成。在战时，公民会转为民兵，所有人都有自己的武器。

城邦军队主要由重装步兵组成。辅助部队是轻装的战士，如弓箭手、投矛手和投石兵等。古希腊人的骑兵很少，因为古希腊能用来养马的土地太少了。

**当时既没有我们熟悉的马具，也没有马镫和马鞍——人们在马背上披一张马衣充当马鞍（有鞍桥的硬马鞍出现于马其顿王亚历山大时期）。**

到了后期（公元前4世纪），轻盾矛兵开始发挥重要作用，这是一种介于重装步兵与轻装步兵之间的投矛步兵。

# 方阵

古希腊战士在战场上排成方阵——由盾牌和向前的长矛组成一排连续不断的阵线，并且往纵深处还有好几排同样的阵线。方阵里的战士不仅用盾保护自己，还能保护相邻的战友。

要想在战场上移动和在交战时保持队形，战士们就需要接受非常良好的训练。古希腊人从小就接受军事训练。最具军事色彩的运动是重装赛跑——穿戴盔甲拿着盾牌赛跑（这个项目甚至进过奥林匹克运动会）。这样的训练卓有成效，例如在马拉松战役（公元前490年）中，雅典人保持着队形向波斯人冲去，而不只是慢慢前进，这可是很难完成的操作。波斯人惊呆了，动摇了，最后乱成一团撤退了。

最精锐的是斯巴达的军队。斯巴达法律禁止公民从事军事之外的行业，如手工业、商业和农业——这些工作由斯巴达人的奴隶希洛人（伯罗奔尼撒半岛土著的后裔）负责。斯巴达人把所有时间都花在军事训练或打仗上，因此斯巴达没有防御性的城墙。他们认为，最好的"城墙"就是强大的战士。其他古希腊城邦四周都有城墙和方塔，城邦的最高处有一座卫城（城里的设防部分）。

听令：重装步兵在中间，骑兵在侧翼，轻盾矛兵在前面，我在后方。

骑兵
重装步兵
轻盾矛兵

骑兵

重装步兵

弓箭手

# 战术

　　战斗通常是这样进行的：重装步兵方阵排成前后八排，骑兵配置在侧翼，轻盾矛兵可以排在方阵前方、后方或侧翼。

　　这个方阵也有弱点。绵延不断的盾墙很难突破，但也很不灵活。在崎岖不平的地形（如有沟壑、灌木、溪流的地方）行军时，这种阵形可能无法维持，从而失去主要优势——协同性。此外，方阵难以抵挡侧翼和后方的攻击，这同样是由于不灵活。通常会有轻装步兵和骑兵负责掩护方阵，但这些兵种在古希腊城邦中的力量比较薄弱。

落荒而逃的敌人

投石兵

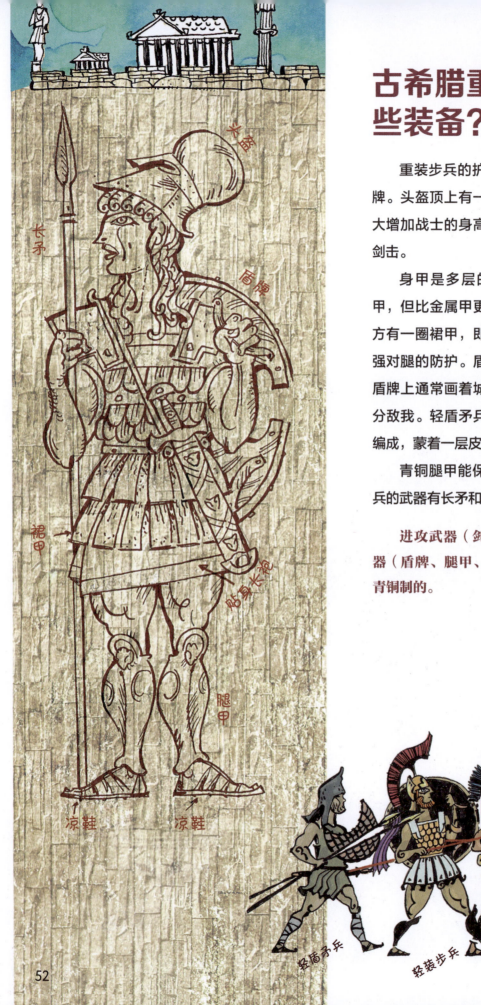

长矛

头盔

盾牌

裙甲

贴身长袍

腿甲

凉鞋 凉鞋

## 古希腊重装步兵有哪些装备？

重装步兵的护具有头盔、身甲、腿甲和盾牌。头盔顶上有一个醒目的"鸡冠"，可以大大增加战士的身高并震慑敌人，顺便还能抵御剑击。

身甲是多层的亚麻甲，防御力不如金属甲，但比金属甲更轻盈、方便、廉价。身甲下方有一圈裙甲，即围成短裙状的皮革条，能增强对腿的防护。盾牌是包着青铜的大圆木盾。盾牌上通常画着城邦的标志，以便在战斗中区分敌我。轻盾矛兵使用半月形的盾牌，用枝条编成，蒙着一层皮。

青铜腿甲能保护膝盖以下的小腿。重装步兵的武器有长矛和短剑。

**进攻武器（剑和矛头）是铁制的，防御武器（盾牌、腿甲、金属盔甲、盾牌的内里）是青铜制的。**

轻盾矛兵        轻装步兵    重装步兵

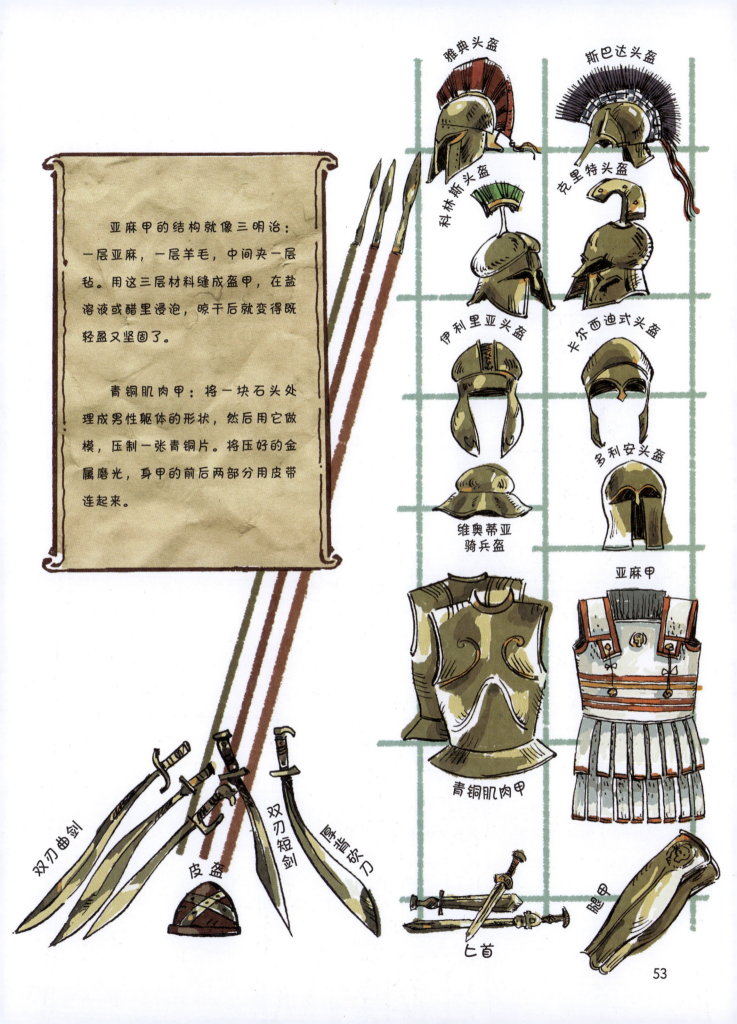

亚麻甲的结构就像三明治：一层亚麻，一层羊毛，中间夹一层毡。用这三层材料缝成盔甲，在盐溶液或醋里浸泡，晾干后就变得既轻盈又坚固了。

青铜肌肉甲：将一块石头处理成男性躯体的形状，然后用它做模，压制一张青铜片。将压好的金属磨光，身甲的前后两部分用皮带连起来。

雅典头盔

斯巴达头盔

科林斯头盔

克里特头盔

伊利里亚头盔

卡尔西迪式头盔

多利安头盔

维奥蒂亚骑兵盔

亚麻甲

青铜肌肉甲

双刃曲剑

皮盔

双刃短剑

鸟喙砍刀

匕首

腿甲

53

# 伟大的古希腊统帅

要想在古希腊统领军队，不仅得有才能和权威，还得是贵族出身。伟大的古希腊将领青史留名，新的统帅学习他们，构建了新的战略。

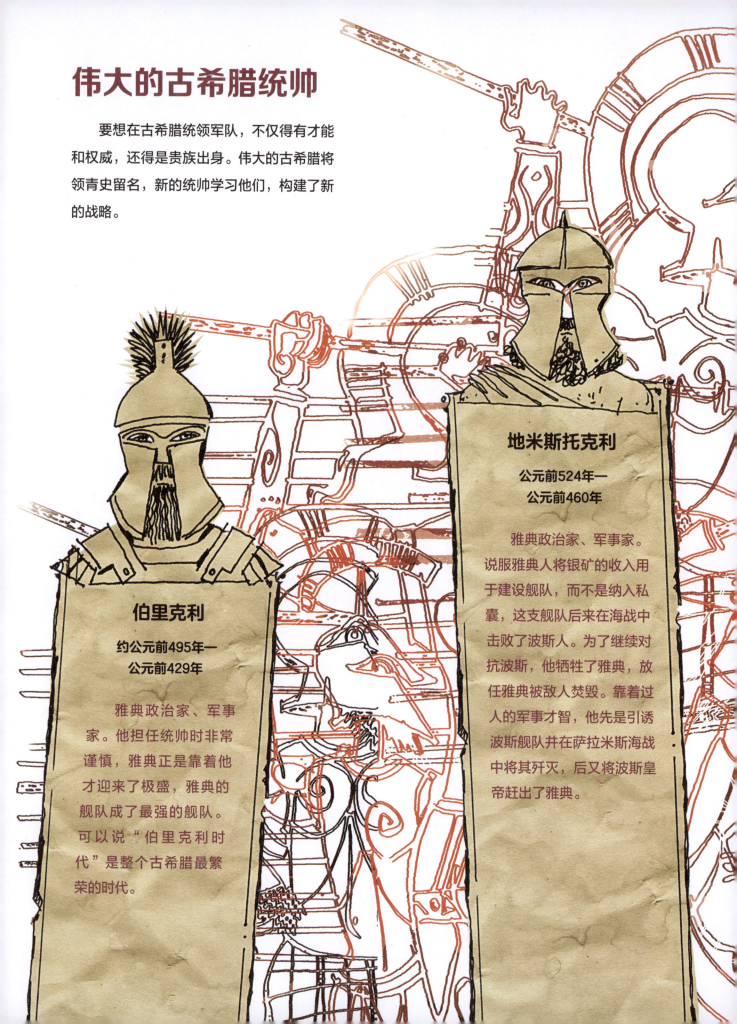

## 伯里克利

约公元前495年—
公元前429年

雅典政治家、军事家。他担任统帅时非常谨慎，雅典正是靠着他才迎来了极盛，雅典的舰队成了最强的舰队。可以说"伯里克利时代"是整个古希腊最繁荣的时代。

## 地米斯托克利

公元前524年—
公元前460年

雅典政治家、军事家。说服雅典人将银矿的收入用于建设舰队，而不是纳入私囊，这支舰队后来在海战中击败了波斯人。为了继续对抗波斯，他牺牲了雅典，放任雅典被敌人焚毁。靠着过人的军事才智，他先是引诱波斯舰队并在萨拉米斯海战中将其歼灭，后又将波斯皇帝赶出了雅典。

### 伊巴密浓达

**公元前418年—
公元前362年**

底比斯政治家、军事家，曾带领底比斯走向鼎盛。他在军阵上的创新（将优势兵力集中在主要攻击方向上）至今仍被人们使用。伊巴密浓达击败了长期被认为所向无敌的传奇的斯巴达军队，结束了斯巴达在古希腊的军事霸权。

### 阿格西劳斯二世

**公元前399年—
公元前360年在位**

斯巴达国王。成功战胜了波斯，但后来不得不返回斯巴达，并先后两次救斯巴达于水火之中：第一次是镇压了反对斯巴达统治的城邦联盟的起义；第二次是率领一支小部队击败了新兴城邦底比斯的大军。军队对阿格西劳斯二世的爱戴引起了斯巴达权贵的嫉妒，他们抱怨说战士们爱他胜过爱祖国。

# 古希腊舰队

海岸曲折，岛屿众多，没有一个地区远离大海，这样的地理环境让古希腊人成了航海人。

古希腊船分为两类："圆船"（宽商船）和"长船"（窄战船）。商船靠帆行驶；战船主要靠划桨，帆起到辅助作用。较早的战船有30或50支桨，这种船到了古典时代还在使用，但最常见的类型已经变为三列桨座战船。

**海战队形通常是两排：第二排战船掩护第一排的后方，并补充第一排的损失。如果敌船的数量远远超过己方，就把船围成一圈，船头朝向敌船。**

海战战术可以归结为两种：冲撞和接舷战。靠近水面的船头有一个包裹着金属的凸起，冲撞便是利用这个船头全速撞击敌舰侧面，然后迅速退回，让水涌入敌舰的破口。一艘三列桨座战船有10名负责接舷战的重装步兵，并由4名弓箭手掩护。由于古希腊的敌人波斯人用奴隶当划桨手（古希腊用的是自由民），所以古希腊的接舷战小队登上敌船后，首先会打碎划桨手的镣铐，借此获得150多人的协助。

# 战船

古希腊战船用多种木料制成：船舷外壳是榉木，船体骨架是金合欢，桅杆和横桁是松木。人们会非常仔细地填满船舷的缝隙，然后涂上一层以油或动物脂肪为主要成分的颜料。船底包着铅。龙骨用异常坚固的无梗花栎木制成，船头部分安装着一个青铜撞角。

船舱里放着压舱物（沙子），还存放着武器装备，搭载着战马、战车或准备登陆的重装士兵。舷墙上包着坚韧的牛皮，保护划桨手不被箭矢伤害。三列桨座战船的上层甲板安放着发射短标枪的弩炮，以及发射燃烧混合物（成分是沥青、树脂和硫黄，被称为"希腊火"）的投石机。船长在船尾的瞭望桥上驾驶船只。

**古希腊人有投石机，有控制敌舰用的钩竿和鱼叉，还有特殊的突击吊桥。**

经验丰富的船员能进行一种复杂的操作：从敌船旁边驶过，撞坏敌舰的桨，破坏其机动性（自己的桨在靠近敌船船舷时、即将撞击前预先收回来）。

楞波斯战船

撞角

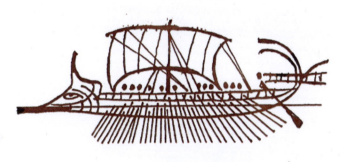

双层桨座战船

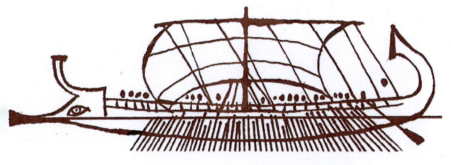

三列桨座战船

# 马其顿

保持队形！

马其顿向来被视为古希腊世界落后的北部边陲，但它在公元前4世纪中叶开始崛起。国王腓力二世统一了苦于内乱的国家，击退了附近蛮族部落的入侵，扩大了王国的版图。他的儿子亚历山大征服了古希腊，开始对波斯发动远征。亚历山大东征是世界史上规模最大的军事行动之一。随着不断作战，他击败的军队的规模也越来越大，最后在高加米拉歼灭了大流士三世率领的波斯大军。波斯帝国灭亡了，而亚历山大仍未停下征服的脚步，他占领了巴克特里亚（主要在今阿富汗）和粟特（主要在今阿姆河中游地区），随后又向印度半岛进军。这是古希腊人有史以来首次到达这么远的地方。亚历山大的军队在战斗中碰到了一些奇妙的动物——战象和骆驼。

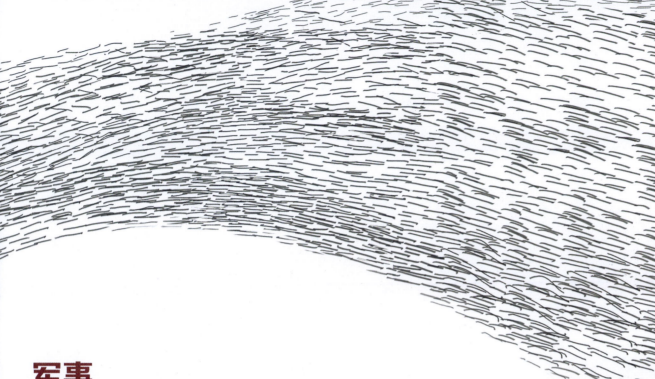

# 军事

腓力二世打造了一支一流的军队，后来亚历山大靠着它完成了规模惊人的大征服。马其顿步兵训练有素，人数超过任何一个古希腊城邦的军队，因为马其顿王国本身就比所有古希腊城邦都大。此外，马其顿有相当肥沃的平原，养得起强大的骑兵。

东征期间，马其顿和古希腊的兵力比对手波斯人要少得多，因为像波斯这样庞大的国家，要招募一支大军并不困难。

不过，尽管亚历山大的军队人数不如对手，素质却高于对手。就像希波战争时期一样，古希腊人比波斯人训练有素，装备也更精良。只不过如今这个差距更大了：马其顿军队的素质比古希腊军队还要强。

# 战术

亚历山大在古希腊首创了将部分步兵和骑兵作为预备队的战术，以应对战场上的突发情况。

马其顿军队的右翼前进并打击敌军。方阵在混战中拖住敌人，重装骑兵努力冲破敌军的阵列。一旦得手，便由中坚步兵——持盾卫队和轻盾矛兵冲入敌阵的缺口。不过，天才的统帅亚历山大在每次战斗中都能制订出独特的作战计划。

## 亚历山大征战简史

**公元前338年**
腓力二世在喀罗尼亚战役中击败古希腊城邦联军，确立了马其顿对古希腊的统治。

**公元前334年—公元前324年**
亚历山大东征，攻占波斯土地，建立亚历山大帝国。

**公元前332年—公元前331年**
亚历山大征服古埃及。

**公元前331年**
高加米拉战役。亚历山大击败波斯主力，波斯帝国走向灭亡。

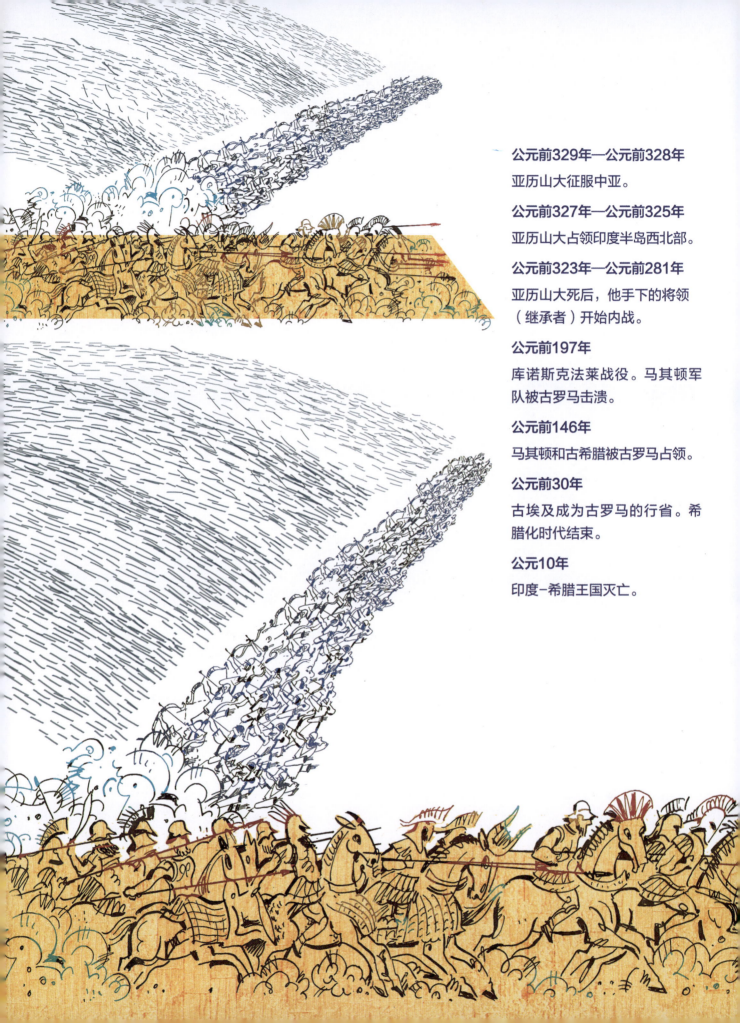

**公元前329年—公元前328年**
亚历山大征服中亚。

**公元前327年—公元前325年**
亚历山大占领印度半岛西北部。

**公元前323年—公元前281年**
亚历山大死后，他手下的将领
（继承者）开始内战。

**公元前197年**
库诺斯克法莱战役。马其顿军
队被古罗马击溃。

**公元前146年**
马其顿和古希腊被古罗马占领。

**公元前30年**
古埃及成为古罗马的行省。希
腊化时代结束。

**公元10年**
印度–希腊王国灭亡。

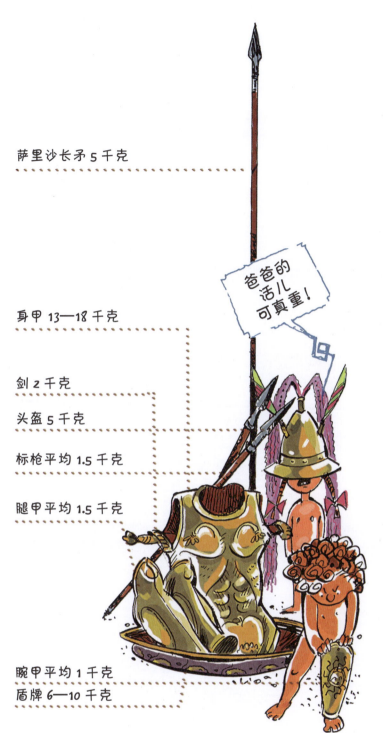

萨里沙长矛 5 千克

身甲 13—18 千克

剑 2 千克

头盔 5 千克

标枪平均 1.5 千克

腿甲平均 1.5 千克

腕甲平均 1 千克

盾牌 6—10 千克

爸爸的
活儿
可真重！

# 方阵步兵有哪些装备？

　　方阵步兵的主要武器是"萨里沙"和短剑。所谓的"萨里沙"是一种长矛，且越往方阵后排，士兵手持的萨里沙就越长。这就形成了一面"矛墙"，比古希腊方阵要密集得多。这样的强力部队能碾碎前进道路上的一切敌人。后排步兵将萨里沙长矛举起，防御敌军弓箭手的射击——箭矢会陷入这片长矛的"密林"，失去致命的威力。

　　方阵步兵的护具是盾牌和腿甲，有时也有盔甲。

　　持盾卫队的装备有长矛、短剑和铁盾。

　　伙友骑兵和色萨利骑兵的武器是双头矛和短剑，护具有头盔、铜甲或亚麻甲。

马其顿军队的精英是伙友骑兵（hetairoi，意为"朋友"），他们是国王的重装近卫骑兵。亚历山大常常率领这支队伍在战役中发动决定性的进攻。还有一支重装部队是色萨利（马其顿的南邻地区）的古希腊骑兵。轻骑兵从马其顿北邻色雷斯地区的尚武部落中招募兵员。

马其顿军队的基本构成和古希腊军队一样，都是称为"方阵步兵"的重装步兵。在东征期间，亚历山大喜欢从当地人中招募士兵，并用马其顿的方式训练他们。近卫步兵由持盾卫队充当，他们的装备比方阵步兵更轻。

马其顿人是欧洲最早在野战中使用炮兵（武器为投石机和弩炮）的民族。

### 移动攻城塔

攻城塔早在马其顿王亚历山大之前就开始使用了。亚历山大在围攻腓尼基的推罗城时使用过移动攻城塔，这座塔高45米，底部面积为200米×200米。

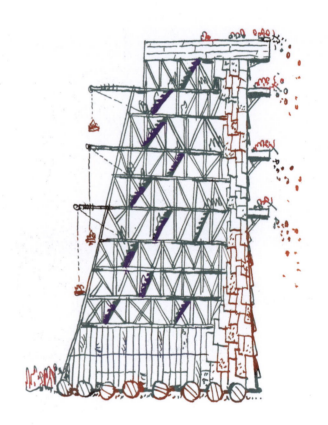

# 马其顿军阵

预备队

轻步兵 轻盾矛兵　色萨利骑兵　中坚步兵 持盾卫队　　　　轻骑兵 色雷斯骑兵　重装骑兵

重装步兵 古希腊重装步兵 萨里沙长矛手

伙友骑兵

远程部队：弓箭手、投石兵……

在战场上，马其顿的军阵是这样排布的：中间是重装步兵方阵，后面是支援的持盾卫队，右翼是伙友骑兵和色雷斯骑兵，左翼是轻盾矛兵和色萨利骑兵。弓箭手一部分在方阵前方，一部分在右翼。

发射标枪的弩炮

发射！

# 帝国的建筑师

　　亚历山大将古希腊及其周边地区的所有力量都投入了征服新土地的战争。除了庞大的军队（步兵、骑兵和舰队）之外，参加远征的还有成千上万的后勤人员：工程师、建筑师、武器工匠、医生、乐师、学者和仆人。也正是他们将本国的宗教信仰、风俗习惯和语言文化带到了新的领土，这种文化的影响力比马其顿军队的武力还要强大。

　　亚历山大大帝死后，他建立的帝国就瓦解了。他的继承者艰难地维持着帝国各部分的政权，但被征服的土地上发展出了一种繁荣的新文明——希腊化文明，即古希腊文明与东方文明混合的产物。与此同时（公元前3世纪），罗马共和国在地中海地区脱颖而出，它同样在很大程度上继承了古希腊文化，并夺取了希腊化世界的残余地区——马其顿、叙利亚和古埃及。

最高统帅和指挥官 26 人

战地将领和分队指挥官 70 人

普通士兵：
步兵 32 000 人、
骑兵 5 100 人、
船只 160 艘、
侦察兵、
工程兵

古希腊重装步兵　　轻盾矛兵　　持盾卫队

预言家　　　仆人

后勤人员

建筑师　　　　　　牧人和赶畜人

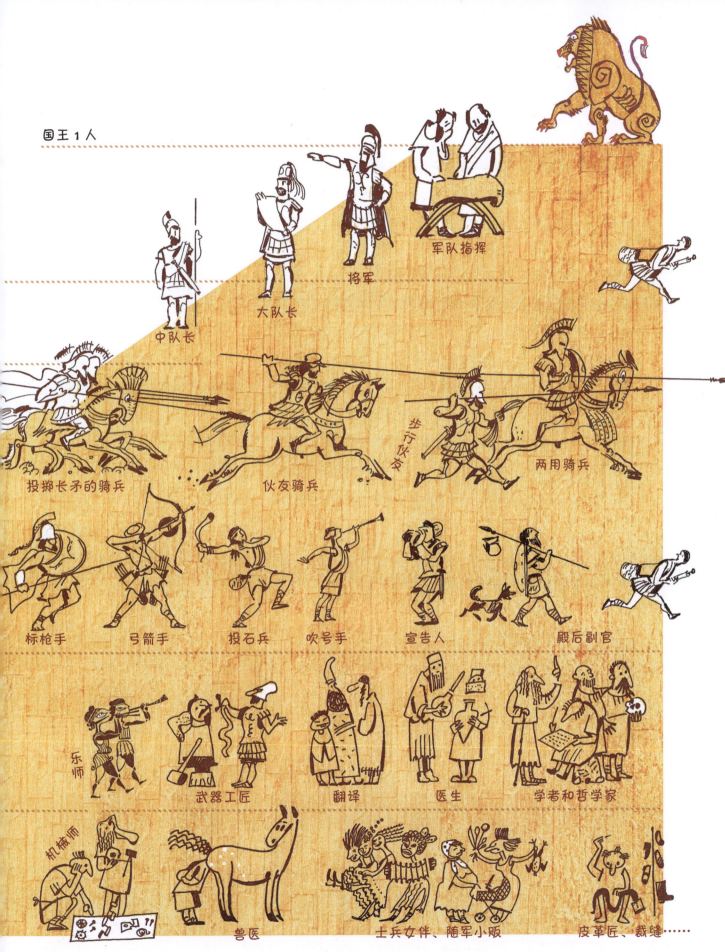

国王 1 人

军队指挥

将军

大队长

中队长

投掷长矛的骑兵

伙友骑兵

步行伙友

两用骑兵

标枪手

弓箭手

投石兵

吹号手

宣告人

殿后副官

乐师

武器工匠

翻译

医生

学者和哲学家

机械师

兽医

士兵女伴、随军小贩

皮革匠、裁缝……

# 古罗马

公元前8世纪中叶，古罗马诞生于亚平宁半岛中部的台伯河畔。它逐渐积攒力量，像雪球一样越滚越大，占领了越来越多的领土：起初是附近的小部落，随后是稍大一点的民族和城市，再往后是各个地区，最后是一个又一个国家。

在最初的500年间，古罗马人只占领着今天的意大利。但在积累了足够的"分量"之后，他们仅仅用了300多年就征服了比意大利大得多的土地——半个欧洲、近东和北非。地中海成了罗马帝国的"内湖"。鼎盛时期的罗马帝国西起今天的西班牙，东至今天的伊拉克。古罗马民族靠着尚武、顽强和严明的纪律建立了庞大的帝国，并维持了很长时间没有瓦解。

古罗马吸收了古希腊文化，自身也成了欧洲文明的基础。古罗马人会修建输水管和下水道，建造了四通八达的道路网。古罗马的字母——拉丁字母被许多欧洲语言采用，古罗马法是现代法律的基础。

## 战事简史

**公元前3世纪中叶**

古罗马征服整个意大利。

**公元前3世纪中叶—公元前2世纪中叶**

三次布匿战争，古罗马毁灭强国迦太基。

**公元前197年**

库诺斯克法莱（古希腊）战役。古罗马战胜马其顿，夺取对古希腊的控制权。

**公元前58年—公元前51年**

盖乌斯·尤利乌斯·恺撒征服高卢。

**公元前27年**

罗马共和国变为罗马帝国。在开国皇帝屋大维·奥古斯都的统治下，古罗马征服西班牙，吞并古埃及以及直至莱茵河和多瑙河的广阔土地。

**公元43年**

古罗马侵入不列颠。

**公元98年—公元117年**

古罗马扩张的顶点：古罗马军团越过多瑙河占领达基亚，在东南方向到达波斯湾。

**公元375年**

民族大迁徙导致匈人进攻欧洲。

**公元378年**

古罗马军队在阿德里安堡被哥特人歼灭。

**公元410年**

哥特人攻陷古罗马。

**公元451年**

沙隆之战。

**公元455年**

汪达尔人攻陷古罗马。

**公元476年**

西罗马帝国灭亡，中世纪开始。

罗慕路斯和雷穆斯

罗马

**古罗马征服意大利**

莫斯科是第三罗马！

埃特鲁斯坎

第勒尼安海

罗马

拉丁姆

亚得里亚海

那不勒斯

布林迪西

塔兰托

西西里岛

地中海

# 军事

古罗马军队是古代史上最精锐的军队之一。士兵的训练、战场灵活机动的战术、各部队明确的分工合作，外加深思熟虑的精密作战方式，这些因素都将它打造成了一支几乎战无不胜的军队。古罗马军队可谓是创造辉煌战果的机器。

古罗马军队的基本作战单位是军团（legio）。当罗马还只是一个小城市时，它的整支军队就叫这个名字。军团由百人队（centuria，来自拉丁语centum "一百"）组成。早期的古罗马军队在战斗中模仿古希腊军队组成方阵。

根据传说，公元前6世纪，古罗马国王塞尔维乌斯·图利乌斯进行了军事改革。他将整支军队划分为5个等级，依据是公民收入的多寡，因为古罗马人要自己出钱购买武器和盔甲，人越有钱，装备就越精良，越接近方阵的第一等级。第五个等级是穷人，他们买不起盔甲，只能披斗篷，有时直接朝着敌人扔石头。最显贵的贵族担任骑兵——不管是在什么时代，饲养战马都需要花很多钱。

## 布匿战争简史（公元前264年—公元前146年断续进行）

### 公元前218年—公元前201年

第二次布匿战争，为争夺地中海霸权而战。这对于古罗马也是生死存亡之战：迦太基天才将领汉尼拔发誓要毁灭古罗马。他蹂躏意大利多年，击溃古罗马军队，在战斗中击杀古罗马将领。

### 公元前216年

坎尼会战，古罗马惨败。这场战役是利用钳形攻势（避其锋芒，从侧翼和后方进逼）围歼敌军的范例，至今仍是世界各地军事学院的学习内容。然而，古罗马人被击败后采取了出人意料的行动，他们在迦太基附近登陆，迫使汉尼拔抛下意大利回国救援。

### 公元前202年

扎马之战，古罗马获胜。迦太基失去了几乎所有土地，仅剩主城周边地区，并向古罗马臣服。

### 公元前146年

经过三次围攻，古罗马占领了迦太基，并将其夷为平地。

拿好弹药，佩特罗尼乌斯。

随着古罗马的扩张，其军团的数量也在增加。军团士兵开始有了少量的军饷。军团的结构也发生了改变，笨重的方阵被"切"成了若干支队伍，叫作"中队"。这样一来，古罗马军队就能保持着严整的队列在崎岖地形行军了——中队可以轻而易举地绕过灌木和沟壑等障碍物或不利地形。一个军团由3 000名重装步兵、1 200名轻装步兵和300名骑兵组成。

百夫长

老兵

葡萄藤杖——权杖
兼惩罚工具

# 军团士兵有哪些装备？

古罗马战士的武器有皮鲁姆重标枪或近战用的长矛、古罗马式短剑和匕首，护具有锁子甲或皮甲（后来是环片甲）、盾牌和头盔。

今天我们在许多地方看到的古罗马军团士兵的经典形象是在1世纪—2世纪形成的：帝国式头盔、环片式胸甲、凸起的方盾，腿甲和臂甲已经没有了，武器用的还是罗马共和国时期的那一套——标枪、短剑和匕首。

后期的古罗马士兵完全变了个样。盾牌变成了平滑的椭圆盾，短剑变成了长剑。环片甲被锁子甲取代，头盔的形状也发生了改变。

**"百夫长"是军团指挥官的助手，由服役20年以上的老兵担任。百夫长指挥百人队，负责维持纪律、进行操练和发放军饷。**

短剑

匕首

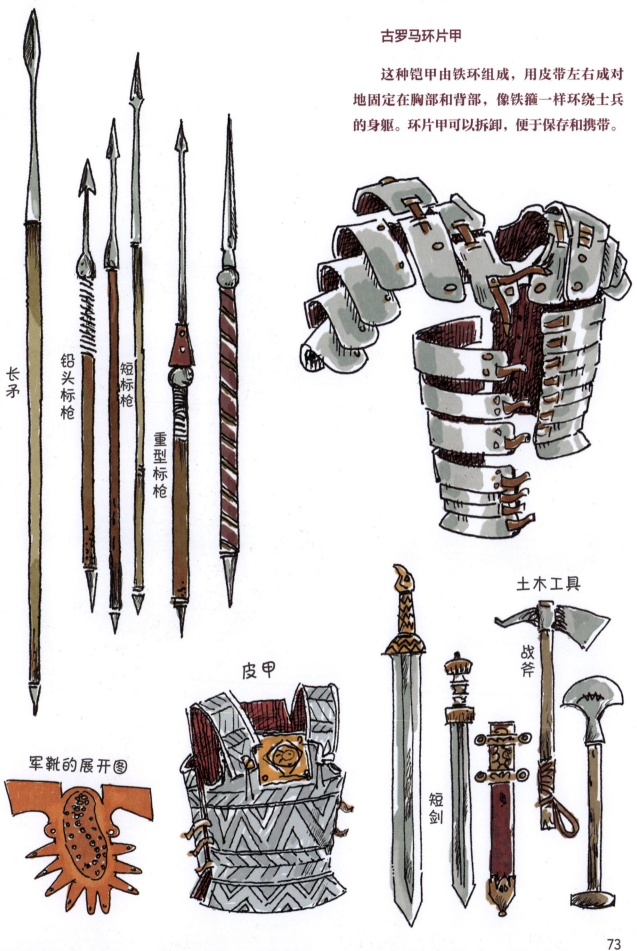

## 古罗马环片甲

这种铠甲由铁环组成，用皮带左右成对地固定在胸部和背部，像铁箍一样环绕士兵的身躯。环片甲可以拆卸，便于保存和携带。

长矛

铅头标枪

短标枪

重型标枪

皮甲

军靴的展开图

短剑

土木工具

战斧

# 军团：组织和战术

古罗马军队由一名执政官（罗马共和国时期的国家最高职务）指挥。军团的首领是军团长，其下是称为"保民官"的高级军官。保民官负责指挥大队和确保军粮供应。

每支大队由一名经验丰富的老兵——首席百夫长率领。每个军团有两支500人的骑兵中队，每支骑兵中队都有自己的指挥官，称为"骑兵统领"。此外，还有专门的队伍负责操作"野驴"投石机、修建攻城塔和搭桥等。

在战场上，重装步兵中队会排成三排：第一排是青年兵，是经验较少但好勇斗狠的年轻士兵；第二排是壮年兵，是经验丰富的壮年战士；第三排是后备兵，是久经沙场的军团老兵，实质上属于预备力量——后备兵并不总会参加战斗。拉丁语中甚至有这样一句表达：Rem ad triarios redisse，意为"事情到了后备兵那里"，即"事情到了紧要关头"。重装步兵前方以散兵队形排着轻装步兵，骑兵则配置在侧翼。

军团长

指挥官大队的执旗手

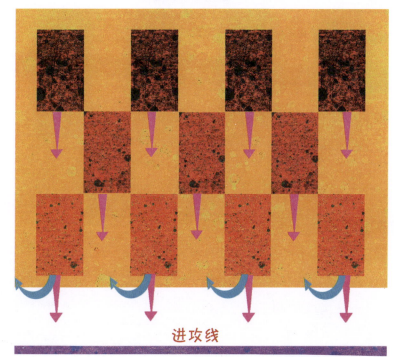

古罗马军阵
进攻与撤退

后备兵

壮年兵

青年兵

进攻线

# 作战示意图

装备着标枪和长矛的轻装步兵从远处攻击敌军。他们的任务是扰乱敌人的队形，然后顺着中队间的空隙撤到重装步兵后方。

随后发起攻击的是青年兵，也就是百人队第一排的年轻的披甲战士。他们的任务是协调一致地战斗。等距离敌人足够近时，青年兵便向对方投出标枪，随后拔剑上前肉搏。青年兵的攻击可能决定战斗的胜负，但也可能还不足以取胜，这时他们就会退到后方。

再随后参战的是壮年兵——由老成的战士组成的重装步兵。他们的任务是填补中队之间的空隙，组成一支密不透风的有生力量。如果敌人还在顽抗，那就由经验最丰富的后备兵来夺取最终的胜利，必要时也可以组成一面坚不可摧的盾墙，掩护整个军团撤退。

青年兵

# 盖乌斯·马略改革

公元前2世纪，著名的古罗马统帅盖乌斯·马略进行了军事改革。他取消了青年兵、壮年兵和后备兵的划分，由国家提供武器并统一装备。没有土地和工作的古罗马贫民（无产者）也可以参军，参军成了他们唯一的谋生手段。士兵退伍后可以分到土地。古罗马军队由此变成了职业军队。

著名的"鹰徽"（抓着束棒的鹰）出现，这是古罗马军团的象征。丢失鹰徽被视为奇耻大辱。

军团不再被分为30个中队，而是改为10个更大的"大队"。一个军团共有6 000名重装步兵，加上骑兵和轻装步兵可多达12 000人。自那时起，古罗马开始从结盟和被征服的民族中招募骑兵和轻装步兵，他们有自己的、有别于古罗马士兵的装备。

取消了拖慢行军速度的笨重车队，如今士兵必须自己携带必需品，这就精简了军队的规模，又增强了机动性。军团士兵还为此被戏称为"马略的骡子"。军团必须自给自足，因此随军的还有医生、工程师，以及铁匠、木匠、陶匠、武器匠等许多工匠。

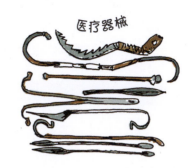

医疗器械

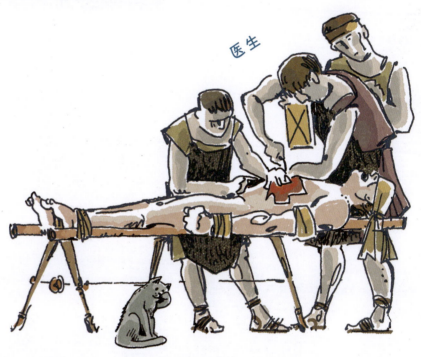

医生

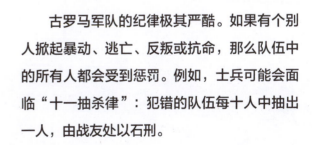

古罗马军队的纪律极其严酷。如果有个别人掀起暴动、逃亡、反叛或抗命，那么队伍中的所有人都会受到惩罚。例如，士兵可能会面临"十一抽杀律"：犯错的队伍每十人中抽出一人，由战友处以石刑。

# 罗马和平

　　自马略改革以来，罗马共和国一直是内战和混乱的舞台。但军事扩张仍在进行，并在罗马帝国时期达到巅峰。2世纪—3世纪，古罗马军队几乎所向无敌，帝国的实力臻于极盛，疆域北至莱茵河和多瑙河，南至撒哈拉沙漠，东至幼发拉底河，西至大西洋。

　　古罗马军团所到之处都会建起军营。军营用壕沟、土堤和围栏防守，有瞭望塔，帐篷之间有笔直的街道，主帅的大帐前有一处集会的空地。在帝国的边疆，军团士兵不只是在军营过夜，还会在那里住上许多年，于是军营逐渐建起了坚固的石墙和塔楼，以及营房等日常生活设施。商贩和手工业者开始在军营周围居住，还有以军团为家的退役老兵。随着时间推移，许多军营变成了城市，其中有一些留存至今，如维也纳（文多波纳）、布达佩斯（阿库昆姆）、贝尔格莱德（辛吉杜努姆）、乌得勒支（特拉耶克图姆）和剑桥（杜罗里彭特）等。

　　然而，罗马帝国的版图越大，就越难守住这些土地。与此同时，欧洲各民族开始迁徙，接连爆发的起义和战争削弱了帝国的力量。5世纪中叶，古罗马已经失去了对大部分领土的控制。公元476年，西罗马帝国灭亡，拜占庭和中世纪欧洲诸王国继承其遗产。

表彰拯救战友的桂冠

凯旋的桂冠

表彰突围的桂冠

表彰攻坚的金冠

表彰夺船的金冠

表彰夺城的金冠

项圈

圆扣饰（奖章）

# 伟大的古罗马统帅

凯旋的统帅会接受嘉奖，即获得穿过一道特殊的大门（凯旋门）隆重进入古罗马城的权利。走在凯旋者的战车前的是元老和执政官，随后是乐师，人们在游行中会举着战利品和被征服的城市的模型。

## 大西庇阿

### 公元前235年—公元前183年

在第二次布匿战争中完成了一次非凡的战略行动：他不是在意大利与无敌的汉尼拔交锋，而是迂回作战，先是占领迦太基赖以获取援兵的西班牙，然后在非洲登陆，直逼迦太基城墙下。汉尼拔只得离开意大利回防本土，最后被大西庇阿击败。古罗马人就这样取得了胜利。

## 尤利乌斯·恺撒

### 公元前100年—公元前44年

在短短几年间征服了高卢的辽阔土地（今天的法国及其毗邻国家），随后在内战中击溃意大利、西班牙（两次）、古希腊、古埃及、小亚细亚和非洲的对手，成为古罗马的独裁者。

## 图拉真

公元53年—公元117年

完成了古罗马最后的几次大规模征服。在他的统治下，罗马帝国的版图达到巅峰，西至大西洋，东至里海和波斯湾。图拉真死后，古罗马便从征服转为防守了。

## 埃提乌斯

公元391年—公元454年

最后一位伟大的古罗马统帅。在日益猛烈的蛮族的入侵下成功守住了没落的罗马帝国，并阻止了势不可当的匈人首领阿提拉。

# 古罗马舰队

与古希腊人不同，古罗马人是更偏向陆地的民族。但在占领地中海周边地区的过程中，古罗马也征服了一些善于航海的民族，并借助他们的经验建立了一支强大的舰队。

**与古希腊一样，古罗马的船只也分为"圆船"（商船）和"长船"（战船）。但古罗马除了海军舰队还有内河舰队，驻扎在边境的大河——莱茵河、多瑙河和幼发拉底河上。**

古罗马人的操舰技术比不过敌对的航海民族，但他们善于化海战为自己所向无敌的陆战。他们发明了"乌鸦吊桥"，这种装置能搭上敌舰的甲板并利用金属"喙"牢牢地钉在上面。大批古罗马部队越过这道桥，就能轻而易举地占领敌舰。古罗马人还在战舰上安装投射武器（弩炮和投石机），还建起了放置这类武器和搭乘弓箭手的塔楼。

古罗马征服了整个地中海地区，同时消灭了横行于地中海上的海盗，此后古罗马舰队便没了用武之地，逐渐走向衰落。又过了几个世纪，罗马帝国江河日下，已经难以对抗入侵的蛮族了。

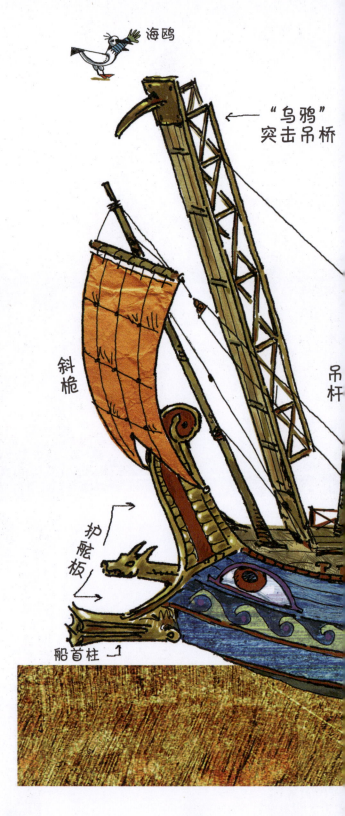

海鸥

"乌鸦"突击吊桥

斜桅

吊杆

护舷板

船首柱

可拆卸的
主桅

主帆

海军步兵

作战塔楼

帐篷

尾桨

上层划桨手

下层划桨手

# 迦太基

从公元前2000年起，地中海东岸的腓尼基有三座闻名海外的富饶城邦：比布鲁斯、西顿和推罗。著名的"推罗紫"（一种昂贵的紫色染料）、坚固的黎巴嫩雪松和象牙制品就是从那里运送到世界各地的。腓尼基人是技术高超的航海者、商人和战士，他们在整个地中海地区建立了许多殖民地，公元前814年建立于北非的迦太基（腓尼基语意为"新城"）便是其中之一。

公元前8世纪，腓尼基被亚述帝国占领，包括迦太基在内的殖民地便获得了独立。迦太基开始在地中海地区西部建立自己的殖民地。公元前6世纪—公元前4世纪，在马尔库斯、马戈一世及其继承者的统治下，迦太基迎来了最繁盛的时期。

起初，迦太基在地中海殖民和贸易中的主要竞争对手是古希腊人。公元前6世纪—公元前3世纪，迦太基与古希腊进行了多次战争，尽管偶有进展，但双方都未能取得决定性的胜利。

公元前3世纪，迦太基碰到了一个新的对手——古罗马。古罗马在三次布匿战争中击溃了迦太基，但自己也差点在迦太基猛将汉尼拔的打击下退出历史舞台。迦太基城被夷为平地，领土被古罗马吞并。

她检查我们的工作时总是很严格。

伊比利亚半岛

比利牛斯山脉

高卢

阿尔卑斯山脉

新迦太基

巴利阿里群岛

罗马

马其顿

西西里岛

迦太基

希腊

地中海

非洲

**迦太基国家的势力范围**

根据传说，在亚述帝国的进攻下，狄多女王率领腓尼基人乘坐几艘船离开故乡，穿越地中海停靠在北非。当地柏柏尔部落的领袖允许他们在那里定居下来，但有一个条件：这批外来人所占的土地不能超过一张牛皮的大小。机智的狄多女王吩咐女仆将牛皮切成细细的皮条，然后把它们连在一起。他们就这样圈出了一大片土地，迦太基的主要卫城在那里拔地而起，并由此得名"柏萨"（意为"皮"）。

孩子，多学学！

## 战事简史

### 公元前6世纪中叶

迦太基统帅马尔库斯击败了此前迦太基向其纳贡的非洲部落，并征服了西西里岛上的腓尼基殖民地。

### 公元前480年

古希腊人在希迈拉之战中击败迦太基人，在之后的许多年间，迦太基再也未能在西西里岛上扩张。在东方的波斯企图征服古希腊期间，迦太基可能也试图在西方开辟"第二战线"，但东西两边都失败了。

### 公元前410年—公元前307年

迦太基与西西里岛上最强大的敌人——叙拉古发生了断断续续的战争。迦太基几乎完全占领该岛。

### 公元前264年—公元前241年

第一次布匿战争，古罗马从迦太基手中夺走西西里岛。

# 军事

在最初的几百年间，迦太基的军队由民兵组成。公元前6世纪，马戈一世实行军事改革，用雇佣兵以及同盟地区和附庸地区的战士取代了民兵。指挥官由迦太基贵族担任。

迦太基有许多战车，但迦太基军队真正的"秘密武器"是战象——迦太基人是唯一成功驯化非洲象并利用其组成象军的。大象能给人和马造成巨大的恐慌，可以冲破敌阵、践踏敌人。但这种动物也有弱点：万一敌人朝它们脚下扔出金属刺钉、用巨大的声音吓唬它们或朝它们投掷长矛，它们也可能会转身冲垮己方的军队。

战车

公元前241年—公元前238年
雇佣军暴动，被迦太基勉强镇压下去。

公元前236年—公元前220年
迦太基征服西班牙大部分地区，从当地获得白银和新的兵源。

公元前218年—公元前201年
第二次布匿战争，迦太基战败。

公元前149年—公元前146年
第三次布匿战争，迦太基灭亡。

迦太基人同古埃及人、亚述人一样，在战车上作战十分得心应手——他们的战场地形平坦，没有山丘沟壑，便于战车手列阵发动攻击。但腓尼基人的主要武装力量还是舰队。别说古罗马人了，就连古希腊人在海战上也不是这些经验丰富、技巧高超的航海者的对手。

神圣军团

利比亚腓尼基步兵

迦太基军队中最精锐的是神圣军团，由约3 000名迦太基贵族青年组成。他们身穿白衣，白色象征着死亡。

重装步兵从利比亚腓尼基人（臣服于迦太基的北非腓尼基殖民地的居民，"利比亚"是非洲的古称）当中招募。在与古罗马的多次交战中，步兵学会了以古罗马方式列阵，完成战场上的任务。

西班牙步兵

努米底亚骑兵

　　西班牙步兵和西班牙骑兵的战斗力也毫不逊色。伊比利亚半岛与非洲只隔着一道狭窄的海峡，被迦太基征服后便为迦太基军队补充了许多西班牙战士。

　　轻骑兵由著名的努米底亚骑兵组成，这些北非草原的游牧民是天生的骑手。

　　迦太基人喜欢从以战术闻名的古希腊人中招募士兵。迦太基军队中还有许多来自毛里塔尼亚、高卢、利古里亚和坎帕尼亚的雇佣兵，因为迦太基公民不愿在海外远征中送命。汉尼拔手下的军队有将近一半士兵都是高卢人，他们是汉尼拔的炮灰，每次战斗都最先被派上前线面对敌人的箭矢。

像这样一支语言、部落、服装、武器、传统和习俗都各不相同的队伍，是很难有凝聚力的，但东拼一点西凑一点，迦太基就有了一支军队！

迦太基人会使用小投石机、弩炮和大投石机，围攻城市时使用巨大的带轮攻城塔。

迦太基人还雇用过巴利阿里投石兵（巴利阿里群岛的住民）。这些战士从小就学习投石技术，以精准闻名于整个地中海地区。

雇佣兵

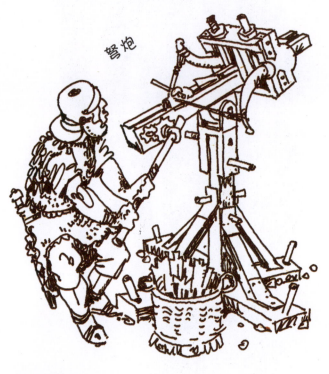

弩炮

高卢人

发射飞镖的投石索

投石索可以用来发射杏仁形的铅弹、陶弹和石弹，甚至是飞镖，比用弓射箭成本更低，因此投石队负责对弓箭手进行火力支援。

巴利阿里投石兵

## 第二次布匿战争简史
## （公元前218年—公元前201年）

### 公元前218年

汉尼拔率领一支小部队艰难地翻越阿尔卑斯山侵入意大利，在不久前刚被古罗马征服的高卢人中招募士兵，开始将古罗马军队一一击破。

### 公元前216年

坎尼会战，迦太基最辉煌的一次胜利。汉尼拔包围并几乎全歼了兵力远超己方的古罗马军队。意大利许多地区倒向了汉尼拔一边，但汉尼拔犯了个错误——没有立刻进攻毫无防备的古罗马。战火还烧到了西班牙和西西里岛。古罗马恢复了元气，开始扳回局势，最后渡海攻入非洲。汉尼拔只能离开意大利回国救援。

### 公元前202年

扎马之战，汉尼拔战败，迦太基求和。和约剥夺了迦太基的西班牙领土和舰队，还规定未经古罗马允许，迦太基不得与其他势力交战。

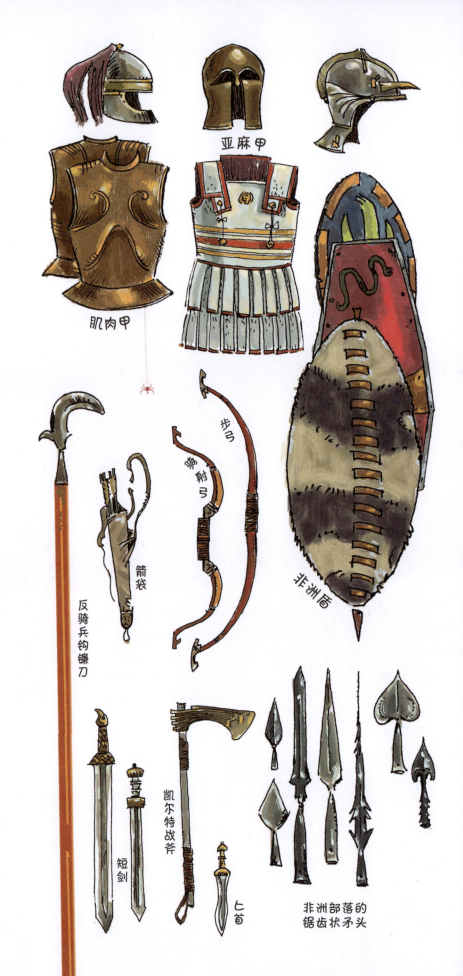

亚麻甲

肌肉甲

步弓

骑射弓

非洲盾

箭袋

反骑兵钩镰刀

短剑

凯尔特战斧

匕首

非洲部落的锯齿状矛头

# 迦太基战士有哪些装备？

神圣军团和利比亚腓尼基步兵的装备同马其顿王亚历山大的步兵一样（参见本书第63页）。雇佣兵自备武器和服装，例如高卢人喜欢赤膊上阵，伊比利亚人爱穿染成紫色的亚麻短袍。

**第一次击败古罗马人后，汉尼拔用缴获的古罗马武器重新武装了自己的部队。**

雇佣兵的武器种类繁多，骑兵有古希腊曲剑和骑兵战斧，步兵有伊比利亚短剑、古罗马短剑、凯尔特战斧和匕首。非洲步兵装备着锯齿状矛头的长投矛。

护具有古罗马圆盾和方盾或古希腊青铜盾，以及地方部落的盾牌，有时士兵甚至直接把兽皮绑在手臂上。头盔有马其顿盔、古埃及盔、古罗马金属盔和用动物筋腱制作的非洲盔。

迦太基步兵

# 战术

迦太基人的战斗方式受到了古希腊战术的影响，这种战术由马其顿王亚历山大完善，并在他东征后流传开来。迦太基的突击队是骑兵，主要战斗力是重装步兵。战斗中常会采用钳形攻势：薄弱的中央部分在敌军的攻势前收缩，强固的侧翼则反向前进并包围敌军，再由强大的迦太基骑兵完成合围，随后将敌人彻底歼灭。这种战术的经典例子是坎尼会战，汉尼拔凭借5万士兵将8万人的古罗马大军打得落花流水。

## 坎尼会战

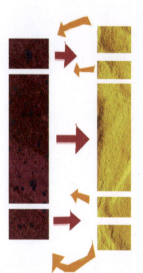

高卢、伊比利亚和努米底亚轻骑兵

非洲重装步兵

混合步兵

重装骑兵

战斗开始：古罗马步兵在骑兵的支援下发动进攻，迦太基骑兵发动进攻。

战斗中间：古罗马骑兵被击溃，迦太基骑兵攻击古罗马步兵背后。

战斗结束：古罗马步兵被歼灭。

高卢

伊比利亚半岛

新迦太基

地中海

罗马

非洲

乌提卡

迦太基

**汉尼拔的
进军路线**

# 汉尼拔远征古罗马

　　汉尼拔最大的冒险是翻越阿尔卑斯山。他是第一位率军成功穿越这座天险的统帅。
汉尼拔清楚自己时间有限，必须在冬天结束前攻入意大利，因为到了春天，古罗马就能
召集起一支强大的军队。高卢人答应带领迦太基军队通过山隘，并为他们提供军粮。这
次行动让汉尼拔付出了巨大的代价，他的军队在山间小路艰难前行，深受寒冷和积雪
之苦，许多战士和牲畜倒毙在途中，但最难熬的还是战象。尽管如此，经过15天的行
军，迦太基军队出现在了古罗马城下，但这支在远征中元气大伤的部队未能攻下古罗马
城——对面有四个古罗马军团，且古罗马城墙高大，无法围攻。于是汉尼拔率军转战整
个意大利，劫掠平民，烧毁存粮。

# 伟大的迦太基统帅

　　迦太基军队主要由雇佣兵组成，他们更忠于自己生计所系的统帅，而不是忠于关系疏远的国家。一些统帅获得了极大的独立性，不受迦太基政权的制约，甚至拥有了自己的领地。例如，巴卡家族（著名的汉尼拔便属于该族）的将领占领了西班牙，几乎将西班牙变成自己的私人领地。

## 马戈一世

### 公元前6世纪在位

　　迦太基统治者，迦太基强盛实力的奠基者。在他的领导下，迦太基在众多腓尼基殖民地当中脱颖而出。马戈一世的军事改革让迦太基军队的主要力量从民兵变成了职业雇佣兵。

## 汉尼拔

**公元前247年—约公元前183年**

　　古代世界最杰出的统帅之一。童年时便发誓要消灭古罗马，在第二次布匿战争中几乎实现了夙愿，可惜最后还是落败。汉尼拔是世界上最伟大的战略家之一，他在坎尼会战中战胜古罗马是战术技巧的典范，至今仍是世界各国军事学院的学习内容。

# 迦太基舰队

    迦太基是地中海西部最强大的海上国家之一。与大量使用雇佣兵的陆军不同，迦太基舰队只招募迦太基和腓尼基殖民地的公民。其采用的是古代地中海地区的传统战术——冲撞和接舷战，战船的基本类型也是传统的三列桨座战船（参见本书第56页）。

    奇怪的是，尽管有种种优势，但迦太基舰队发挥的作用并没有陆军那么大。迦太基的舰队曾数次败给古希腊和古罗马。

迦太基在坎尼会战中的胜利将古罗马逼到了生死存亡之际，只是由于机缘巧合才让古罗马缓了过来。但古罗马可受不了这种耻辱！就连迦太基战败并向古罗马臣服后，古罗马人还是放不下心。他们决定彻底消灭这个危险的对手，花了3年围攻迦太基城（公元前149年—公元前146年）。攻占迦太基后，古罗马将这座城市夷为平地，往土地上撒盐，居民均被屠杀或卖为奴隶。

# 凯尔特人

公元前7世纪之前，凯尔特人（古罗马人称之为"高卢人"）散居在多瑙河和莱茵河上游，以及今天的捷克境内（捷克的古称"波西米亚"就来自凯尔特语）。他们从那里向西进发，前往今天的法国、西班牙和英国。公元前4世纪，凯尔特人占领了意大利北部，在一次深入亚平宁半岛的远征中甚至攻占了古罗马；公元前3世纪侵入古希腊，但被击退了，此后他们便渡海进入小亚细亚并定居在那里。今天土耳其的首都安卡拉便是当年的一座凯尔特人聚落。这样一来，凯尔特人的势力臻于极盛，散布到了欧洲的大部分地区。

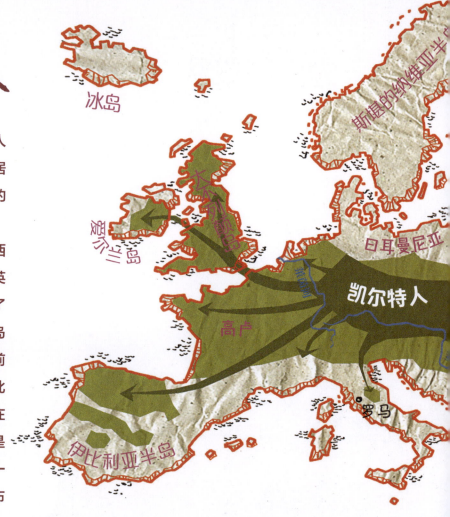

冰岛

斯堪的纳维亚半岛

不列颠群岛

爱尔兰岛

日耳曼尼亚

凯尔特人

高卢

罗马

伊比利亚半岛

要是学不会世界战争史，我就把你变成蛤蟆！

凯尔特人在
欧洲的扩张

黑海北岸地区

黑海

小亚细亚

凯尔特人的
铜盔和斧头

凯尔特人在欧洲和小亚细亚占据的广袤土地由共同的文化团结在一起。关于凯尔特人的生活方式，我们大多是从古希腊人和古罗马人的记录中得知的。古罗马作家认为，凯尔特人生活在森林里，崇拜树木，他们的德鲁伊祭司用人献祭，他们的战士勇猛无畏，身穿短裤，脸上涂着战斗油彩。凯尔特人是技术精湛的手工业者和商贩，并很快接受了古罗马人的生活方式。

# 军事

　　凯尔特人是无与伦比的冶金工匠。或许正是他们率先开始在欧洲熔炼铁，制造更加坚固耐用的武器。

　　除了步兵和骑兵，凯尔特人还有战车兵。到了后期，这个兵种只保留在了不列颠人（不列颠的凯尔特人）当中。

　　凯尔特雇佣兵在整个地中海地区都深受重视，影响力远达古埃及。就连遥远的博斯普鲁斯王国（黑海北岸国家）的军队中也有凯尔特人。

## 战事简史

**公元前390年**

凯尔特人攻陷古罗马。

**公元前280年—公元前279年**

凯尔特人进攻古希腊，洗劫德尔斐神庙，但最后被古希腊人赶走。

**公元前191年**

经过两个世纪的战斗，古罗马征服了意大利北部的凯尔特人。

**公元前133年**

努曼提亚经历多年围攻后陷落，古罗马最终征服凯尔特伊比利亚人（西班牙的凯尔特人，因西班牙的古称"伊比利亚"而得名）。

**公元前58年—公元前51年**

尤利乌斯·恺撒征服高卢。

**公元前15年**

古罗马征服多瑙河流域的凯尔特人。

凯尔特战车

# 战术

在战斗中，凯尔特人的第一波攻势非常凶猛，他们摧枯拉朽，难以抵挡。但要是组织严密、纪律严明的军队撑住了这波进攻，凯尔特人带来的这种压迫感很快就会消散。他们不擅长排兵布阵，认为单挑才光荣。

凯尔特人的战车并不是古埃及人那样的战斗装备，而是运输工具。战士们乘着大车在战场上到处奔驰，看准时机跳下车战斗，万一局势不利便跳上车撤回后方。

**公元43年**

古罗马入侵不列颠。

**公元122年**

古罗马人开始修建哈德良长城（以皇帝哈德良命名），将古罗马占领的不列颠南部与尚未占领的北部隔开。

**公元260年—公元274年**

凯尔特人起义，在罗马帝国西部建立了高卢帝国。后来古罗马再次征服这些地区。

**5世纪—6世纪**

古罗马人撤出不列颠（公元410年），此后传说中的亚瑟王与入侵不列颠的撒克逊人战斗。

# 凯尔特战士有哪些装备？

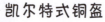
凯尔特式铜盔

凯尔特战斧

匕首

凯尔特皮靴
（古罗马式）

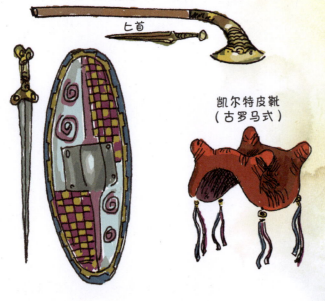

凯尔特战斗号角

　　凯尔特人的主要武器是长剑、长矛和斧头，远距离战斗则使用标枪、弓箭和投石索。凯尔特人的大盾几乎能遮住全身，凯尔特贵族也披戴盔甲。正是凯尔特人发明了锁子甲——由铁环组成的甲胄。但许多战士喜欢赤膊上阵，还会把石灰抹在头发上，制造毛发倒竖的效果去恐吓敌人，不列颠的凯尔特战士还会在身上涂抹靛蓝的颜料。

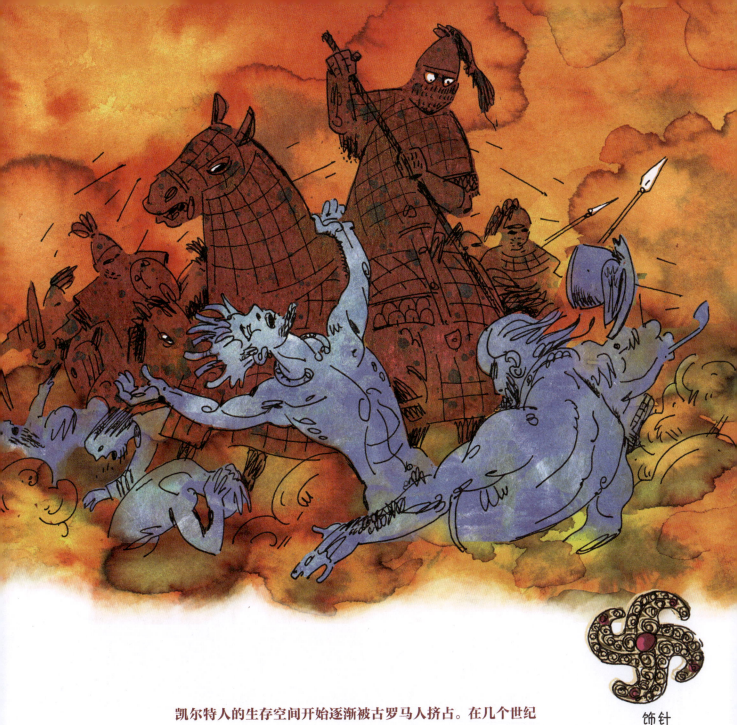

饰针

  凯尔特人的生存空间开始逐渐被古罗马人挤占。在几个世纪里，古罗马人占领了凯尔特人除爱尔兰和苏格兰外的所有土地。凯尔特人最大的地盘是位于大西洋、莱茵河、阿尔卑斯山脉、地中海和比利牛斯山脉之间的高卢，但它很快就被古罗马天才统帅兼政治家尤利乌斯·恺撒给征服了。在东方，凯尔特人受到了来自日耳曼人的压力。到1世纪末，古罗马人和日耳曼人已经将凯尔特世界一分为二，以莱茵河和多瑙河为界。今天的法国、英国和爱尔兰还生活着凯尔特人的后裔——爱尔兰人、威尔士人、苏格兰人、布列塔尼人等。

# 伟大的凯尔特统帅

在凯尔特部落中，战时行动的统帅是在军事大会上选举出来的。连妇女也可能成为统帅：公元61年，不列颠的爱西尼部落酋长的遗孀布狄卡发动了对古罗马占领军的起义。

## 布伦努斯

### 公元前4世纪

凯尔特人塞农部落的首领。将埃特鲁斯坎人赶出了北意大利，在阿里亚之战中击溃古罗马军队，顺势占领了古罗马。他有两句名言流传后世："强者之法"（谁强就可以随意拿取，即"赢者通吃"）和"败者有祸"（胜者可以随意向败者发号施令，即"成王败寇"）。

## 维钦托利

**公元前82年—公元前46年**

凯尔特人阿维尔尼部
落的首领。公元前52年领
导了反对古罗马占领军的
战斗，将松散且不断内讧
的凯尔特部落团结起来，
与恺撒的军团进行决战，
但战败了。今天的法国人
将他视为民族英雄。

# 日耳曼人

公元前1000年，日耳曼部落生活在斯堪的纳维亚南部和波罗的海南岸。而到4世纪民族大迁徙开始前，日耳曼人的散居范围已经北至斯堪的纳维亚，南至莱茵河和多瑙河，西至北海，东至维斯瓦河和第聂伯河，一直到黑海和克里米亚都有分布。

关于这些部落的生活方式，我们主要是从古代作者的记录中了解到的。就连"日耳曼人"这个名字也是古罗马人给他们起的。其实日耳曼人有许多分支部族，如辛布里人、条顿人、马科曼尼人、哥特人、伦巴第人和法兰克人等，每个分支部族都有各自的领袖和特点。但总的来说，古代作家笔下的日耳曼人都是身材高大、金发碧眼的狂暴战士，并崇拜着同样好战的神灵。日耳曼人成功阻止了古罗马向莱茵河北岸的扩张，在公元9年的条顿堡森林战役中大败古罗马军队。

## 战事简史

**约公元前113年—公元前101年**

辛布里人和条顿人侵入高卢、西班牙和罗马共和国。古罗马艰难地挡住了这次入侵。

**公元前72年—公元前61年**

阿利奥维斯塔率领苏维汇人渡过莱茵河，盘踞于高卢北部。

**公元前58年**

恺撒开始征服高卢，将日耳曼人赶回莱茵河北岸。

**公元前12年—公元前7年**

莱茵河和易北河之间的日耳曼部落的土地被古罗马夺取。

**公元9年**

条顿堡森林战役。罗马帝国的边界又从易北河退回莱茵河。

**公元166年—公元180年**

马科曼尼人战争（多瑙河流域）。日耳曼人直逼意大利，古罗马艰难地战胜了他们。

**公元238年—公元271年**

哥特战争。哥特人等日耳曼分支部族从海上袭击黑海和东地中海沿岸的古罗马领土。

**3世纪50年代—3世纪70年代**

日耳曼部落突破了古罗马在莱茵河和多瑙河的边境，劫掠高卢、西班牙、巴尔干和意大利，甚至打到了古罗马城。最后边境得以恢复，蛮族被驱逐。

波罗的海

日耳曼部落

莱茵河

条顿堡森林

黑海北岸地区

易北河

沙隆原野

凯尔特部落

罗马的领土

多瑙河

黑海

罗马的领土

罗马的领土

阿德里安堡

地中海

　　民族大迁徙开始后，整个日耳曼世界都开始移动。日耳曼各分支部族从北欧涌向古罗马富饶的土地。罗马帝国的边境被冲破了，日耳曼人散居在这个崩溃的帝国的土地上，建立了一些蛮族王国。

**公元376年**

游牧民族匈人从亚洲腹地袭来，在他们的进攻之下，黑海沿岸草原上的哥特人渡过多瑙河，涌向罗马帝国的土地。

**公元378年**

阿德里安堡之战，古罗马军队惨败于哥特人。此后古罗马军队再也没能完全恢复元气，哥特人定居在了古罗马境内。

**公元406年**

蛮族部落突破莱茵河并开始散居于罗马帝国西部，其中大部分是日耳曼部落。前进得最远的是汪达尔人（原本生活在今天的瑞典境内）——他们在北非建立了自己的王国。

**公元410年**

西哥特人占领古罗马城，"永恒之城"800年来首次陷落。

**公元449年**

撒克逊人和盎格鲁人开始征服不列颠。

**公元451年**

沙隆原野大战，古罗马与日耳曼人联手阻止了匈人，但匈人的军队中也有不少日耳曼人。

**公元455年**

汪达尔人占领古罗马，大肆劫掠。

**公元476年**

日耳曼雇佣兵强迫西罗马帝国末代皇帝退位，中世纪开始。

# 战术

　　日耳曼人的战斗场面是这样的：首先，各个部族的战士以楔形阵发动猛攻。要是攻势被敌人给挡住了，就会转成许许多多的一对一格斗。在面对组织严密、纪律严明的军队时，这种战术很难奏效。在这种情况下，埋伏战术就要有效得多了：日耳曼人突袭敌军的侧翼或最薄弱的位置，短暂交锋后便迅速撤回密林中，用这种方式消耗敌军的力量。

# 日耳曼战士有哪些装备？

　　日耳曼步兵的主要武器是矛，很少用剑和弓。战士不屑于披甲，只用盾牌护身，通常是圆盾或方盾。骑兵的武器是矛，偶尔也用剑。

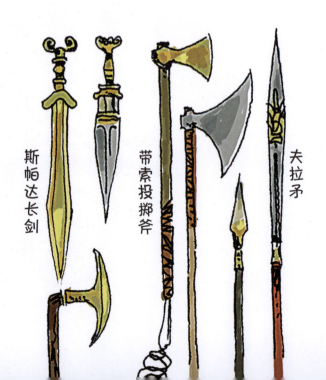

斯帕达长剑　　带索投掷斧　　夫拉矛

## 军事

　　日耳曼部落中的所有自由民都是战士。领袖有常备的亲兵，其他人只有作战时才会被召集起来。日耳曼人主要是步兵作战，只有领袖和贵族备得起战马。为了弥补骑兵不足的劣势，战斗时由最坚忍不拔的步兵战士与骑兵并肩奔跑，发动进攻。

　　日耳曼人攻城技术低下，碰到坚固的城池就宁可绕开不管。

　　**日耳曼人不只是和古罗马作战，还积极接受古罗马军团的雇用，古罗马也很乐意招募这些优秀的战士，有时整个部落都为罗马帝国效力。**

# 伟大的日耳曼统帅

日耳曼人部落众多，部落中为首的是称为"王"的酋长，他们在战时还负责指挥部落兵。只要具有统帅才能，任何一个日耳曼自由民都可以组建军队。这种军队头目往往会成为"王"的竞争对手。

## 阿米尼乌斯

### 公元前18年—公元21年

日耳曼人切鲁西部落的首领。将古罗马军队诱入条顿堡森林，一举歼灭了三个古罗马军团，将莱茵河以北的土地从古罗马的统治下解放了出来。

## 亚拉里克一世

约公元370年—
约公元410年

一般认为他是西哥特王国的第一位国王。对古罗马时降时叛，后来攻占了800年来未曾陷落的古罗马城。

# 斯基泰人、萨尔马特人、匈人

广袤的欧亚草原东起太平洋，西到中欧，横贯整个欧亚大陆。这片草原始于中国的东北平原，经过蒙古、南西伯利亚、北哈萨克斯坦和黑海北岸，一直延伸到多瑙河中游平原。自古以来，这片草原上奔驰着一拨拨游牧民族，他们建立了一个个游牧帝国。

斯基泰马的华丽装饰

这些强大的势力中有蒙古人，他们在13世纪征服了从日本海到东欧的广袤土地，随后是17世纪的满族人，他们在中国建立了清朝。直到18世纪，俄罗斯和中国才在几乎整块欧亚草原上进行了领土划分，彻底结束了游牧帝国的时代。

从多瑙河到顿河的黑海北岸草原，以及再往东到阿尔泰山脉和青藏高原的北侧山麓，都曾是斯基泰人生活的地方（公元前8世纪—公元前3世纪）。在西方，他们与古希腊殖民地进行贸易和战争；在东方，他们的势力甚至抵达了古代中国，建立了属于自己的王国。

斯基泰人主要从事游牧或畜牧业，他们的房子是毡帐，可以放在牛车上运输，跟在畜群后面移动。斯基泰人还以精湛的手工艺著称，特别是首饰加工。许多博物馆的藏品中都有"斯基泰金"，也就是在斯基泰人的墓葬中发现的贵重品；斯基泰人创造了鲜明的"野兽纹"，影响了西方和东方的艺术。考古学家在阿尔泰山区的巴泽雷克墓葬中发现了几张极为精妙的毡子，是目前已知最古老的毡子。在民族大迁徙时代（4世纪—6世纪），斯基泰人与其他部落融合消失了。但在此后的许多个世纪里，人们依然用"斯基泰人"的名称来称呼黑海北岸的许多不同的民族，如匈人、斯拉夫人、波洛伏齐人、佩切涅格人，甚至是俄罗斯人。

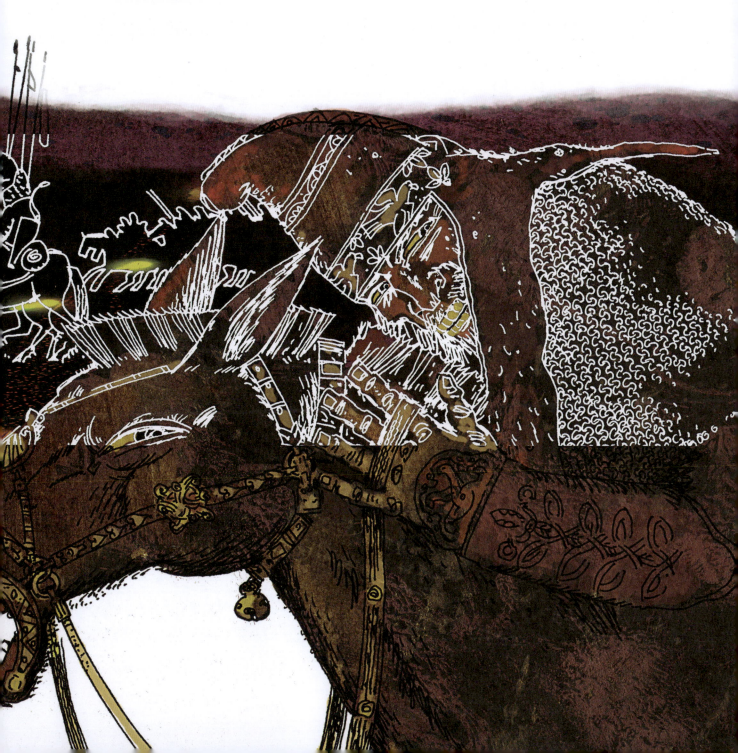

**匈人进入
欧洲**

萨尔马特

第聂伯河

多瑙河

斯基泰

东哥特

高卡

伊比利亚半岛

马其顿

黑海

地中海

## 战事简史

**公元前7世纪**

斯基泰人侵入近东，抵达叙利亚和巴勒斯坦，协助巴比伦对抗亚述。

**公元前7世纪—公元前6世纪**

斯基泰人占领外高加索，在当地建立斯基泰王国。

**公元前512年**

斯基泰人击败波斯皇帝大流士的军队。

**公元前331年**

斯基泰人歼灭马其顿王亚历山大麾下某将领的军队。

**公元前2世纪**

斯基泰人整体衰落。印度半岛出现了几个斯基泰王国。

**1世纪**

萨尔马特人散居于多瑙河流域，开始袭击罗马帝国。

## 萨尔马特人是斯基泰人的近亲。他们取代

了斯基泰人，在公元前3世纪到公元4世纪占据着东起伏尔加河和高加索，西至多瑙河的大草原。这片土地此前被称为"斯基泰"，如今则改称"萨尔马提亚"了。萨尔马特部落中有一支最尚武的阿兰人，他们一般被认为是今天的奥塞梯人的祖先。

## 匈人据说是匈奴人的后裔，他们在4世纪从欧亚草

原来到了欧洲，可能是因为气候恶化——当时全球的气候开始变冷了。

庞大的匈人帝国的中心在多瑙河流域，也就是今天的匈牙利境内，他们从那里出发四处劫掠，攻打罗马帝国和日耳曼人居住的欧洲其他地区。气候变冷和来自匈人的压力引发了民族大迁徙——蛮族开始大批侵入罗马帝国，定居在条件更好的土地上。

草皮土

埋藏土

墓室

基岩

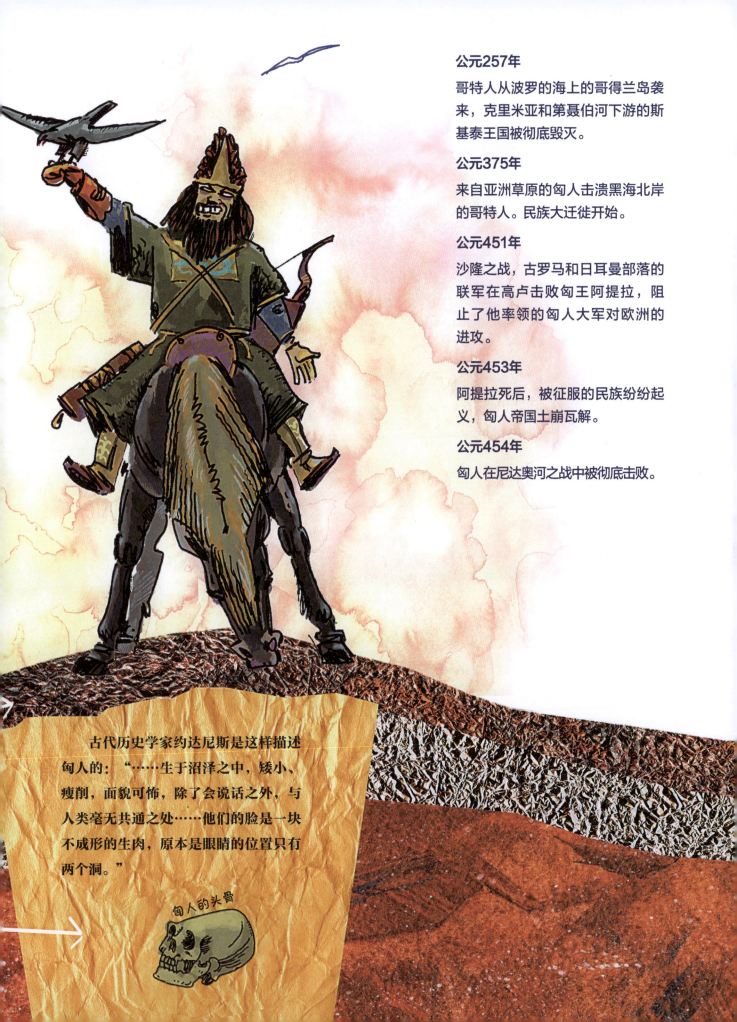

**公元257年**

哥特人从波罗的海上的哥得兰岛袭来，克里米亚和第聂伯河下游的斯基泰王国被彻底毁灭。

**公元375年**

来自亚洲草原的匈人击溃黑海北岸的哥特人。民族大迁徙开始。

**公元451年**

沙隆之战，古罗马和日耳曼部落的联军在高卢击败匈王阿提拉，阻止了他率领的匈人大军对欧洲的进攻。

**公元453年**

阿提拉死后，被征服的民族纷纷起义，匈人帝国土崩瓦解。

**公元454年**

匈人在尼达奥河之战中被彻底击败。

古代历史学家约达尼斯是这样描述匈人的："……生于沼泽之中，矮小、瘦削，面貌可怖，除了会说话之外，与人类毫无共通之处……他们的脸是一块不成形的生肉，原本是眼睛的位置只有两个洞。"

匈人的头骨

# 军事

游牧民族的军队主要是骑兵：只有骑马才能在无边无际的草原上快速移动，守住自己的游牧区的边界，夺走其他部落的牲口，洗劫相邻部落的宿营地，随后不留踪迹地融入地平线中。正是斯基泰人首次让骑兵成了一个基本的兵种，这在很大程度上是由于马鞍的完善。此前的民族（如亚述人）并没有真正的马鞍，只有披在马身上的马衣。马鞍有坚硬的后桥和前桥，大大增加了骑手在马背上的稳定性。

萨尔马特人很可能组建了一支重装骑兵——"甲胄骑兵"，他们身披盔甲，能用长矛发起冲刺。

匈人是高明的弓箭手，他们极其尚武，几乎所有时间都用在行军作战上。

## 游牧战士有哪些装备？

斯基泰人大多是骑射手。匈人主要也是骑射手，他们装备着当时最好的弓——反曲复合弓，这种设计让弓变得很短（也就便于骑手使用），却又能射得很远。

游牧骑兵可以用一种叫作"套马索"的绳套套住敌人把他拽下马。他们的后颈和后背上挂着一块特殊的柔韧盾牌，用缝着金属片的皮革制成，就像一个长衣领，必要时也可以把它翻到前面。

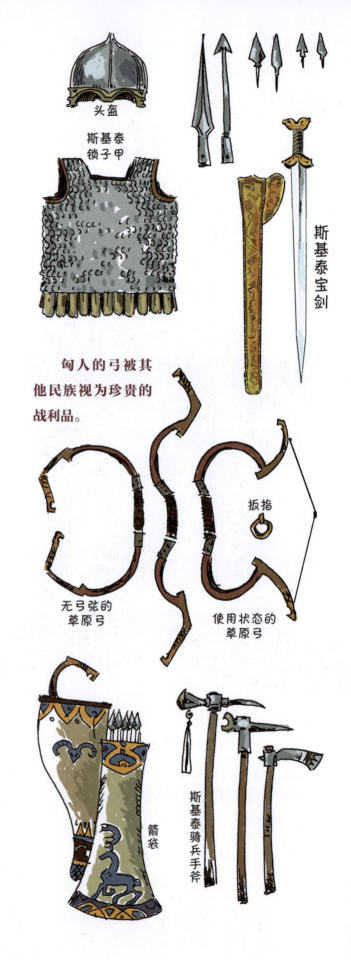

头盔

斯基泰锁子甲

斯基泰宝剑

匈人的弓被其他民族视为珍贵的战利品。

扳指

无弓弦的草原弓

使用状态的草原弓

箭袋

斯基泰骑兵手斧

甲胄骑兵

萨尔马特人

萨尔马特重装步兵

斯基泰人

## 战术

　　著名的斯基泰战术是遇敌撤退和焦土策略，这在广袤的大草原上十分有效。由于缺少马匹的饲料和清洁的水源，敌军还没等交战就不断遭到削弱。筋疲力尽的敌人最后只能撤退，这时斯基泰人便转守为攻，追着敌军发动进攻。这种"斯基泰战争"是游牧民族最爱用的战术，后来还被俄军采用，用来对付卡尔十二世、拿破仑和希特勒的军队。

　　匈人使用的是"旋转木马"战术。战斗开始时，他们把敌军团团围住，不断地向敌人射箭而避免肉搏，直到敌军队伍彻底陷入慌乱，才以决定性的一击将对方击溃。

4世纪末，匈人越过高加索山脉涌入西亚，洗劫和摧毁城市，将居民掠为奴隶，连安条克、耶路撒冷和推罗也遭到了围攻。

　　公元451年6月，高卢的沙隆原野爆发了著名的各民族之战，古罗马人与日耳曼人的联军成功阻止了匈人的进攻。古罗马统帅埃提乌斯联合日耳曼人对抗匈人国家。著名的匈人首领阿提拉去世后，匈人的帝国土崩瓦解，匈人也融入了民族大迁徙的大潮之中。许多中世纪作者称匈人为最后的游牧民族。今天的匈牙利人自认为是匈人的后裔（就像波兰人自称萨尔马特人的后裔一样）。

　　历史学家约达尼斯是这样描述沙隆之战的："这场战斗是狂暴的、多变的、凶残的、顽强的……在这片原野上，死者伤口流出的血注入了从低岸间流过的小溪，让溪水大大漫过了两岸。"按他的说法，这场战役中有16.5万人阵亡。

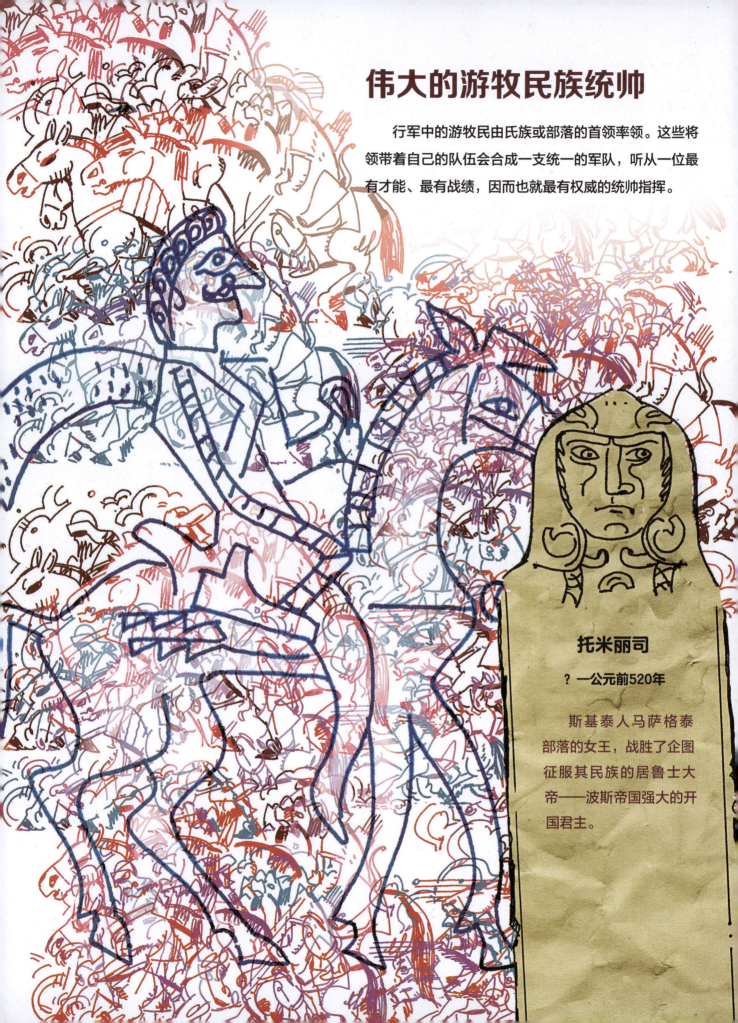

# 伟大的游牧民族统帅

行军中的游牧民由氏族或部落的首领率领。这些将领带着自己的队伍会合成一支统一的军队，听从一位最有才能、最有战绩，因而也就最有权威的统帅指挥。

## 托米丽司

### ？—公元前520年

斯基泰人马萨格泰部落的女王，战胜了企图征服其民族的居鲁士大帝——波斯帝国强大的开国君主。

## 阿提拉

### 约公元406年—公元453年

　　匈人首领，建立了从伏尔加河到莱茵河的庞大帝国，但帝国在他去世后就瓦解了。阿提拉的名字让欧亚各民族为之战栗，他被称为"上帝之鞭"，他的事迹甚至保留在了斯堪的纳维亚的英雄史诗中。

古代战争史到这里就结束了，但战争及其带来的毁灭、灾难和死亡自然还没有结束。残酷的征服和武装冲突，以及不同国家、不同民族、不同文明之间的血腥战争似乎从来不曾远去。这样看来，战争是人类注定摆脱不了的"旅伴"。但战争的方式难道不会改变吗？武器、战术和技术发展得越来越迅速，越来越激进。强大的游牧帝国即将退出历史舞台，火药将在军事中掀起革命。到了现代，战场上又出现了前所未有的"怪物"——装甲战车，随后战火又"烧"到天空中。

　　读了这本讲武器和军事的书，会不会有人当真想"挥舞拳头"或上战场打仗呢？这一点倒大可不必担心。对军事史感兴趣首先是对过去感兴趣，而不是渴望现在的战争。